듀이가 들려주는

실용주의 이야기

듀이가 들려주는
실용주의 이야기

ⓒ 강영계, 2008

초판 1쇄 발행일 2008년 2월 27일
초판 10쇄 발행일 2022년 7월 4일

지은이   강영계
그림   김정진
펴낸이   정은영

펴낸곳   (주)자음과모음
출판등록   2001년 11월 28일 제2001-000259호
주소   10881 경기도 파주시 회동길 325-20
전화   편집부 (02)324-2347 경영지원부 (02)325-6047
팩스   편집부 (02)324-2348 경영지원부 (02)2648-1311
e-mail   jamoteen@jamobook.com

ISBN 978-89-544-1980-2 (64100)

듀이가 들려주는
실용주의 이야기

강영계 지음

|주|자음과모음

책머리에

　한 인간은 가정과 환경에 적응하면서 여러 가지 변화를 거쳐 점점 성숙하기 마련입니다. 여러분은 이 책을 통해 연두가 가정과 학교, 서울의 학교와 친구들에게 어떻게 적응하면서 한 인간으로서 성숙해 가는지를 살펴볼 수 있습니다.

　이 책에서 우리가 알 수 있는 연두의 생활은 '탐구'의 생활입니다. 탐구란 무엇일까요? 듀이의 말에 따르면, 몇 가지 단계를 거쳐서 문제 상황을 해결하는 일이 바로 탐구입니다. 그러고 보면 우리의 생활은 끊임없이 발생하는 문제 상황과 그에 대한 탐구의 연속이라고 말할 수 있습니다.

　연두 역시 시간과 장소를 가리지 않고 수없이 문제 상황에 부딪칩니다. 듀이의 《논리학: 탐구 이론》에서 문제 상황을 해결해 나가는 단계들은 불확정한 상황, 가설 형성, 추리, 실험, 확정된 상황 등입니다. 연두가 들꽃학교에 처음 갔을 때 시골 학교의 모든 것들은 연두에게 불확정한 상황으로 다가옵니다. 어느 정도 예상은 했지만 막상 시골 생활을 접하니 모든 것이 낯설어서 당황하지 않을 수 없습니다.

연두는 불확정한 상황에 맞서 '내가 이 들꽃학교에서 서둘지 않고 새 친구들 및 선생님과 터놓고 대화하며 성실하게 생활하면 이 상황에 잘 적응할 수 있을 것이다.'라는 가설을 세웁니다.

　그 다음으로 연두는 시골 친구들과 선생님께 정직하고 성실하게 대하면 반응이 좋을 것이라고 추리한 뒤 직접 실험해 봅니다. 마지막으로 연두는, 실험 결과가 긍정적인 것은 더욱 키워 나가기로 하고 결과가 좋지 않은 것(부정적인 것)은 그 이유를 살핀 뒤 다시 실험하기로 합니다. 들꽃학교에서 연두의 생활은 말 그대로 '탐구' 생활이라고 할 수 있겠지요.

　문제 상황은 여러 탐구 단계를 거쳐 결국 확정된 상황에 이를 수 있으며 이때 우리는 어느 정도 보증된 말을 자신 있게 말할 수 있습니다. "나는 낯선 시골 학교의 생활에 잘 적응했기 때문에 지금은 이 정든 곳에서 순조롭게 공부할 수 있게 되었어."라고 연두가 말한다면, 연두는 문제 상황을 확정된 상황으로 바꾸고 보증된 말을 할 수 있는 것이지요.

　그런데 이처럼 여러 단계를 거치면서 문제 상황을 해결할 수 있는 인간의 능력은 무엇일까요? 듀이의 말에 따르면 인간은 창조적 도구를 가지고 있는데 그것은 바로 '지성'입니다. 미국의 몇몇 실용주의 철학자들의 입장 중에서 듀이의 실용주의를 '도구주의'라고 부르는 이유는 바로 위에서 지적한 사실 때문입니다.

　우리에게는 각기 여러 가지 입장과 견해가 있습니다. 듀이는 이런 것들을 가리켜 지성의 산물이라고 부르는데, 이것들은 모두 문제 상황을 해결하는 데 꼭 필요한 도구들입니다.

 듀이의 실용주의는 도구주의이자 '실험주의'입니다. 인간은 실험, 교육을 통해서 자유와 평등이 보장되는 민주주의 사회를 건립할 수 있습니다. 문제 상황을 실험하고 개선할 때 비로소 우리의 인격이 성숙할 수 있으며 나아가 민주주의를 실현할 수 있을 것입니다.

 듀이의 도구주의적 실용주의는 미국의 대표적인 철학입니다. 현재 미국의 사상 기초가 듀이의 실용주의에 얼마나 많이 빚을 졌는지는 더 이상 따질 필요가 없을 것입니다.

2008년 2월
강영계

　많은 사람들은 철학을 어렵고 피하고 싶어 하는 학문으로 여겼습니다. 그러나 몇 년 전부터 대입에 통합논술이 부각되면서 철학과 논술이 어린이와 일반 학생들 사이에서 떠오르는 교과서 밖 과목이 되었습니다. 철학이 현재에는 교과서 밖 과목이지만 모든 학문의 기초인 것처럼《철학자가 들려주는 철학 이야기》가 바로 학생들을 위한 교과서 디딤돌이 되지 않을까 생각합니다.

　학문이란 것은 공부만 하기 위한 학문이 아닙니다. 이 책을 통해 어린 독자들은 다양한 생각을 하고, 생각의 깊이는 깊게 폭은 넓게 만들어 생각의 바다를 이룰 수 있습니다.

건국대학교 철학과 교수 김성민

《듀이가 들려주는 실용주의 이야기》에서 주인공 연두는 서울에 있는 학교에서 따돌림을 당한 후 대안학교로 전학을 가게 됩니다. 이런 연두와 학교의 모습은 우리 시대 어린이와 학교의 일면을 대변하고 있습니다. 우리 어린이들이 얼마든지 공감할 수 있는 이야기 속에 나타나는 듀이의 실용주의, 경험주의, 민주주의 교육사상인 《듀이가 들려주는 실용주의 이야기》는 듀이 철학의 기초 입문서이자 어린이와 부모님을 위한 교육 지침서가 될 수 있습니다.

건국고등학교 교장, 철학박사 이군천

C O N T E N T S

 프롤로그

"연두야, 학교 갈 준비 다 됐으면 얼른 밥 먹어라."

방문 너머에서 엄마 목소리가 들립니다. 하지만 나는 이불 속에서 꿈쩍도 안 합니다. 왜냐고요? 나는 오늘 무진장 아플 예정이거든요.

"아니, 연두야! 깨운 지가 언젠데 아직도 이불 속에 있니? 얼른 일어나. 지각하겠다."

"엄마, 머리가 너무 아픈데 오늘만 집에서 쉬면 안 돼요?"

"머리가 아파? 어디 보자. 어, 열은 없는 거 같은데……."

"속도 울렁거리는 거 같고 이상해요."

"뭘 먹고 체했나? 잠깐만. 엄마가 약 갖다 줄게."

휴우! 어쩌면 오늘은 학교에 안 가도 될 것 같네요. 약 먹고 조금 더 자다가 다 나은 척해야겠어요. 그런데, 아프지도 않으면서 약을 먹어도 괜

찾을까요?

'삐걱' 하고 방문이 다시 열리더니 아빠가 들어오셨습니다. 나는 아픈 척 얼굴을 잔뜩 찌푸렸습니다.

"연두야, 많이 아프니?"

"네, 아빠. 머리가 띵하고 속이 막 이상해요."

"그래? 아무래도 체한 거 같은데 아빠가 손가락 따 줄게. 연두는 아빠 실력 알잖아? 금방 나을 거야."

헉! 이건 예상하지 못했는데……. 난 아픈 게 너무 싫거든요. 학교 가는 것도 싫지만 손가락 따는 것은 정말 무서워요. 난 이제 어떡하죠?

"아, 아빠. 그게요……."

내가 우물쭈물하고 있을 때 엄마가 들어오셨습니다.

"여보, 출근 준비 안 하고 왜 여기 있어요? 연두야, 얼른 약 먹자."

"약은 됐어. 우리 연두가 학교 가기 싫어서 꾀병 부리는 거라고."

"에이, 당신도. 연두가 꾀병이나 부릴 애예요? 지난번에 눈병 걸렸을 때도 학교에 가겠다고 우겨서 담임선생님이 돌려 보냈잖아요."

잘 들으셨죠? 내가 꾀병이나 부리는 게으른 아이라고 오해하지 마세요. 우리 엄마 말씀대로 나는 학교 가는 걸 무척 좋아한답니다.

"하지만 요즘 들어 연두가 자꾸 아프다고 하면서 결석하려고 하는 게 이상하지 않아요? 아빠는 오늘도 꾀병일 거라는 의심이 드는데…… 안 그러니, 연두야?"

나는 아빠의 물음에 대답할 수가 없었습니다. 물론 처음에는 병원에 가야 할 정도로 많이 아팠지만 최근에는 학교에 가기 싫어서 꾀병을 부렸거든요.

원래 나는 감기도 잘 안 걸릴 정도로 건강해서 학교 수업에 빠지는 일이 없었습니다. 작년 가을쯤 눈병에 걸린 적은 딱 한 번 있었는데, 그때도 담임선생님이 돌려보내지 않으셨다면 하루 종일 학교 여기저기를 누비다가 집에 왔을 거예요.

나는 정말 학교에 가는 걸 좋아하고, 성격이 활발한 편이라서 친구들과도 잘 지냈습니다. 문제는 올해 5학년이 되면서부터 시작됐어요. 사소한 일로 초록이라는 친구와 싸우면서, 반 친구들과도 사이가 점점 멀어졌기 때문이지요.

사실은, 반 친구들과 사이가 멀어진 것보다 상황이 훨씬 더 심각했습니다. 나는 반 친구들에게 따돌림을 당했거든요. 많은 친구들 속에서 혼자였던 경험이 있나요? 그렇다면 내 마음을 이해할 수 있을 것입니다.

나는 혼자가 되기 싫어서 어떻게 하면 학교에 가지 않을까 생각했습니다. 그러다가 어느 날 아파서 병원에 실려 갔는데 며칠 동안 학교에 가지 않으니까 너무나 기뻤습니다. 그래서 그 후에는 가끔씩 꾀병을 부려서 학교에 가지 않으려고 했고, 신기하게도 학교만 떠올리면 속이 울렁거렸습니다.

"너 아직도 애들한테 따돌림당하는 거니? 그래서 학교 가기 싫다는 거야? 아이고, 정말 기가 막혀서, 왕따라는 게 텔레비전에만 나오는 이야기인 줄 알았더니 내 딸이 이렇게 될 줄은 몰랐네."

엄마는 얼굴이 빨개져서 눈물을 글썽거리셨습니다. 나는 무슨 말을 해야 할지, 어떤 표정을 지어야 할지 막막했습니다.

"연두야, 너 할머니 사시는 곳 알지? 그쪽 학교로 전학 갈래?"

"여보, 그 동네에는 들꽃인지 풀꽃인지 하는 학교밖에 없잖아요. 설마 연두를 그 학교에 보내려는 건 아니죠?"

"왜 아니겠어? 그 학교가 시골에 있어서 그렇지 시설이나 수업 내용이 좋다고 신문에도 나오더라고."

"거긴 안 돼요. 만날 실습에 체험에, 공부는 언제 가르치는지도 모르는 학교에 연두를 보낼 수는 없다고요. 우리 연두는 중학교, 고등학교 다

수준 높은 데서 공부시킬 거예요."

"수준 높은 데가 어딘지는 모르겠지만 연두가 계속 저렇게 지낼 수는 없잖아. 그렇게 밝고 명랑하던 애가 말수도 적어지고, 학교 가기도 싫어하고. 당신 욕심만 채우지 말고 애 생각을 먼저 해요."

"애 생각을 하니까 그러는 거예요. 우리 연두는……."

"엄마, 아빠. 싸우지 마세요. 저 들꽃학교로 전학 갈게요."

이날부터 우리 가족은 모두 왕따가 된 것처럼 아무 말도 없이 지냈습니다. 같이 식사를 하고 텔레비전을 보기도 했지만 대화를 나누지도 않고 각자의 생각에 빠져 있었습니다.

며칠 뒤였습니다. 엄마가 처음으로 말문을 여셨습니다.

"빠뜨리는 거 없이 짐 잘 챙겨."

이렇게 해서 나는 할머니 댁으로 이사를 가게 되었습니다.

성숙이란 무엇인가?

 인간은 타고난 지성으로 반성으로 하고, 반성적 사고의 결과물로서
지식이 나온다.

– 듀이(민주주의와 교육)

1 들꽃학교에 첫발을 내딛다

"안녕하세요? 서연두입니다."

나는 잠깐 고개를 숙였다가 반 아이들을 바라보았습니다. 열 명 남짓한 아이들이 나를 향해 박수를 쳤습니다.

"……"

"연두야, 친구들에게 더 하고 싶은 말 없니?"

"……"

"자, 그럼 빈자리에 들어가서 앉아라."

나는 입을 꾹 다문 채 빈자리로 갔습니다. 짝이 될 친구가 의자를 슬며시 빼 주었지만 고맙다는 말이 선뜻 나오지 않아서 그냥 앉아 버렸습니다.

"연두가 서울에서 전학을 와 시골 생활도 낯설고 새 학교에 적응하느라 힘들 거예요. 여러분이 많이 도와주길 바라겠어요. 오늘은 연두와 친하게 지내자는 의미에서 발야구 경기를 할 테니까 십 분 뒤에 운동장으로 모이세요."

나는 아이들을 따라 운동장으로 나가면서 좀 어리둥절했습니다. 갑자기 체육 수업을 하는 것 같은데 반 아이들 모두 이미 체육복을 입고 있었거든요. 물론 나 역시 체육복을 입고 있습니다. 오늘 아침에 할머니께서 들꽃 초등학교에는 꼭 체육복을 입고 가야 한다고 하셨거든요. 엄마가 전학 첫날 입으라고 사 주신 옷도 있었는데 할머니 말씀대로 체육복을 입길 잘한 것 같습니다.

반 아이들이 모두 운동장에 모이자 선생님이 옆 사람과 가위바위보를 하라고 하셨습니다. 나는 얼결에 옆 친구와 가위바위보를 했습니다.

에휴, 그럼 그렇지. 가위바위보에서 또 졌네요. 난 정말 가위바위보를 못하나 봅니다. 어딜 가든, 누구와 하든 간에 거의 지니까 말이에요.

가위바위보에서 이긴 친구들과 진 친구들은 각각 한편을 이루고 선생님은 심판을 보시기로 했습니다. 먼저 가위바위보에서 진 우리 편부터 공격하기 시작했습니다.

첫 번째로 공을 찰 친구가 타석에 서자 남은 친구들은 '가을이, 파이팅!'을 외치며 응원했습니다. 친구들의 응원 덕분인지 '가을이'라는 친구는 공을 잘 차서 이르까지 갔습니다. 우리 편 친구들이 가을이에게 손을 흔들며 고함을 질렀고, 그때부터 내 가슴은 방망이질 치기 시작했습니다. 그 다음이 내 차례였거든요.

내가 타석에 서자 우리 편 친구들은 내 이름을 부르면서 열심히 응원을 했습니다. 드디어 공이 굴러 왔습니다. 앗! 첫 번째로 찬 공은 헛발질을 하는 바람에 옆으로 새 나갔네요. 나는 금세 얼굴이 발개졌고, 우리 편 친구들은 '괜찮아.'라고 외쳤습니다.

긴장되는 순간 두 번째 공이 굴러왔습니다. 뻥! 나는 있는 힘을 다해서 공을 찼습니다.

부웅.

야호! 내가 찬 공이 수비수 뒤를 한참 넘겨 홈런이 되었습니다. 우리 편 친구들은 홈으로 들어오는 나를 둘러싸고 환호성을 질렀습니다. 나는 나도 모르게 친구들과 손을 맞잡고 소리를 질렀습니다. 정말 오래간만에 느껴 보는 기쁨이었습니다.

전학을 오기 전에 나는 체육 시간이 너무 괴로웠습니다. 내가 잘하면 친구들이 나를 비웃었고, 내가 못하면 친구들이 나를 비난했으니까요. 하지만 지금은 친구들이 나를 응원해 주고 내가 실수했을 때 용기를 북돋아 줍니다. 기분이 좋으면서도 조금은 어색하게 느껴집니다.

어찌 됐든 반 아이들은 모두 열심히 발야구를 했고, 결국 초반에 기세등등했던 우리 편이 13:8로 이겼습니다. 경기가 끝나자 선생님은 반 아이들을 그늘진 쪽으로 불러 모으셨습니다.

"자! 모두들 재밌었나요?"

"네."

"다들 열심히 뛰어 다녀서 배가 고플 텐데, 간식을 만들어 먹는 게 어떨까요?"

잠깐! 간식을 만들어 먹는다고요? 순간 나는 내 귀를 의심했습

ANOTHER DAY. CLOUDY HEMMY
at this moment am i drawing
to remember or to erase

Maisons Neuves 26
83 PIGNANS
(VAR)

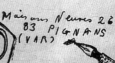

니다. 물론 전에도 요리 실습을 해본 적이 있기는 하지만 이렇게 갑작스럽게 요리 실습을 하기도 하나요?

"떡볶이 먹어요."

"떡볶이는 저번에 먹었으니까 오늘은 샌드위치를 만들어 먹어요."

아이들은 자연스럽게 자신의 의견을 이야기했고, 우리는 다수결의 원칙에 따라 샌드위치를 만들기로 결정했습니다.

우리 반 아이들이 씻고 요리 실습실에 모이는 동안 선생님께서 재료를 사 오셨는지 탁자 위에는 식빵과 야채, 계란, 케첩 들이 있었습니다. 우리는 각자 역할을 분담해 야채를 썰거나 계란을 삶았습니다. 반 아이들은 서로 재료를 건네주기도 하고 재잘거리기도 하면서 맡은 일을 했습니다.

나는 갑자기 체육복에 대해 궁금해졌습니다. 하지만 누군가에게 물어 볼 용기가 나지 않았습니다. 내가 체육복에 대해 물으면 아무도 대답을 하지 않을 것 같아 불안했거든요.

"저, 있잖아. 왜 다들 체육복을 입고 온 거야?"

나는 어정쩡하게 고개를 숙이고 말을 했습니다. 특정한 친구에게 물어 봤다가 무시당하는 것보다는 누군가가 들으면 대답해 줄 거라고 믿는 편이 훨씬 나으니까요.

"체육복이 우리 학교 교복이거든. 우리 학교는 여러 가지 활동이 많아서 체육복을 입고 있는 게 편해. 처음부터 그랬던 건 아닌데 한 일 년 전부터 전통처럼 돼 버렸어."

"근데 연두야, 넌 어떻게 알고 체육복을 입고 왔어?"

"응, 할머니가 꼭 체육복을 입고 학교 가라고 하셔서……."

체육복에 대한 궁금증이 풀리고 반 아이들에게 한발 다가가게 된 사이 샌드위치가 완성되었습니다. 샌드위치는 그야말로 꿀맛이었습니다.

샌드위치를 맛있게 먹은 우리는 요리 실습실을 청소한 뒤에 교실로 돌아갔습니다. 잠시 후 선생님이 오셔서 종례를 하셨습니다. 종례가 끝나고 나는 한 번도 열어 보지 않은 가방을 메고 교실 밖으로 나왔습니다. 터덜터덜 운동장을 걷는데 무언가 허전한 느낌이 들었습니다. 가방을 연 적이 없으니 두고 온 물건도 없을 텐데…….

아! 왜 허전한 느낌이 드는지 이유를 알 것도 같습니다. 오늘 학교에 와서 공부라고는 한 글자도 배우지 않았던 것입니다. 반 아이들과 조금 친해진 것을 빼고는 국어, 영어, 수학, 어느 과목도 공부하지 않았습니다.

정말 신기한 일입니다. 들꽃학교에는 정해진 시간표가 없는 걸까요? 설마 오늘 시간표가 체육과 요리로만 짜인 건 아닐 텐데 말이에요. 내일 시간표를 적어 왔어야 하는데 왠지 그럴 필요가 없을 것 같습니다.

2 일상에서 저지른 사소한 실수

이른 아침입니다. 오늘은 수업이 시작되기 전에 학교 구경을 좀 할까 싶어 집에서 일찍 나왔습니다. 학교까지 가려면 걸어서 20분 정도 걸리는데 볼거리가 많아서 혼자 걸어도 심심하지가 않았습니다.

샛길이 여러 개 만나서 교문으로 이어지는데 그 사이에 작은 가게도 만날 수 있고 들꽃 무리도 감상할 수 있거든요. 교문이 보이기 시작하면서부터는 길이 하나인데 양쪽으로는 밭이 있습니다.

아직은 무엇인지 모르는 식물이 자라고 있지만 몇 달만 지나면 꽃이나 열매를 구경할 수도 있겠지요?

교문에 들어서니 비석처럼 생긴 바윗돌이 보였습니다. 꽤 큰데 어제는 왜 못 봤을까요? 바윗돌에는 '지성으로 실천하여 성숙한 인간이 되자.'는 교훈이 쓰여 있었습니다. 어느 학교나 교훈은 참 어려운 것 같습니다.

나는 운동장을 가로질러 우리 교실이 있는 건물 쪽으로 걸었습니다. 그 건물 뒤편에는 텃밭이나 비닐하우스가 있었고, 학교 뒷산 쪽으로 이어지는 꽃길도 있었습니다. 서울에서는 이런 광경을 흔하게 볼 수 없기 때문에 나는 텃밭과 비닐하우스 여기저기를 두리번거렸습니다. 아무래도 수업이 시작되기 전에 구경하기는 힘들 듯했습니다.

학교 뒤편은 나중에 구경하기로 하고 나는 교실로 들어갔습니다. 마치 좋아하는 만화영화의 끝부분을 보지 못한 기분이 들었습니다. 꽤 일찍 등교했다고 생각했는데 자리에 앉아 있는 아이들이 많았습니다.

나는 일 교시가 무엇인지 보려고 시간표를 찾았습니다. 어? 이상하다. 이 교실에는 시간표가 없나 봅니다. 대부분 교실 앞쪽에 시간표가 붙어 있는데 어찌 된 일인지 사방팔방 둘러보아도 시간표 비슷한 것도 눈에 띄지 않네요. 교실 벽에 붙어 있는 것이라고는 태극기, 시계, 급훈, 그림 정도였습니다. 혹시나 학급 게시판에 써 있을까 싶어서 둘러보았지만 시간표에 대한 정보는 어디에도 없었습니다.

그러다가 나는 '충동이 있어야 발전이 있다.'는 글을 읽게 되었습니다. '충동이 있어야 발전이 있다.' 도대체 무슨 뜻일까요? 나는 충동이 나쁜 말이라고 생각하고 있었는데, 왜 충동이 있어야 발전이 있다는 것일까요?

몇 달 전의 일이었습니다. 엄마가 종이 가방과 물건이 잔뜩 든 비닐봉지를 들고 들어오셨습니다.

"아이고, 무거워라. 괜히 충동구매를 해서 팔 빠지는 줄 알았네."

"엄마, 충동구매가 뭐예요?"

"응, 필요하지 않은 것을 갑작스럽게 샀다는 말이야. 오늘은 가계부 쓰면서 머리가 좀 아프겠구나."

충동이 있어야
발전이 있다

이때부터 나는 충동이라는 말을 들으면 나쁜 것이라고 생각했습니다. 그런데 충동이 있어야 발전이 있다니, 선생님은 충동구매를 하더라도 나중에는 다 쓸 데가 있을 거라고 생각하시나 봅니다.

"너도 저 말이 무슨 뜻인지 궁금해하고 있었지?"

내가 학급 게시판 앞에서 고민하는 사이에 가을이가 옆에 와 있었습니다.

"우리 선생님은 충동이 중요한 거라고 그러셨어. 충동이라는 건 자기가 알고 있던 지식이 문제를 일으켰을 때 그 문제를 해결하고자 하는 의지래."

아! 문제를 해결하려는 의지가 있어야 발전할 수 있겠구나. 나는 고개를 살짝 끄덕이다가 멈칫했습니다. 다음 순간 내가 어떻게 해야 할지 조금 망설여졌거든요. 한동안 친구들의 침묵 속에서 생활해 왔는데 누군가가 내게 관심을 보이는 게 익숙하지가 않았습니다. 그냥 고맙다고만 말하면 되는데 내 입에서 어이없는 말이 튀어 나가고 말았습니다.

"누가 물어봤니? 왜 잘난 척이야?"

교실은 순식간에 물을 끼얹은 듯 조용해졌습니다. 가을이가 놀란 눈으로 나를 쳐다보았습니다. 반 아이들도 무슨 일인가 싶었는지 뒤돌아보았습니다. 나는 당황해서 어떻게 해야 할지 막막했습니다. 오로지 이 상황에서 빠져나가야 한다는 생각뿐이었습니다. 나는 재빨리 교실 뒷문으로 빠져나와 학교 뒷산으로 뛰었습니다.

한참 뛰어오르다가 뒤를 돌아보니 학교 건물이 멀리 떨어져 있었습니다. 이만하면 반 아이들의 눈에 띄지 않겠지요? 조금 안심이 되자 주변 경치가 눈에 들어왔습니다. 예쁜 꽃길을 어떻게 지나쳐 왔는지 생각도 나지 않지만 산속 풍경도 아주 아름다웠습니다. 나는 숨이 가쁘고 다리도 아프고 해서 나무 아래에 놓인 벤치에 털썩 앉았습니다.

'누가 물어봤니? 왜 잘난 척이야?'

내가 해 놓고도 믿기지 않는 말이 머릿속을 맴돌았습니다. 가을이의 놀란 눈과 반 아이들의 모습도 떠올랐습니다. 나는 왜 불쑥 가을이에게 그런 말을 했을까요?

어쩌면 나는 그동안 왕따를 당한 데 대한 화풀이를 누군가에게 하고 싶었는지도 모릅니다. 아니면 아무도 나에게 관심을 가져 주지 않는 상황에 익숙해졌는지도 모르겠어요.

들꽃학교로 전학 오기 전에 나는 반 친구들에게 왕따를 당했습니다. 4학년 때까지 친하게 지내던 친구들이 등을 돌리고 5학년이 되어서 새로 알게 된 친구들마저 나를 모른 척하자 외톨이 신세가 된 거예요. 왕따가 된 이유는 사소한 일 때문이었습니다.

새 학년이 시작되고 일주일도 안 되어 담임선생님이 모둠 활동을 시켰습니다. 아이들은 좋은 점수를 받기 위해서 공부를 잘하는 친구와 같은 모둠이 되려고 하지요. 하지만 학기 초라서 누가 공부를 잘하는 친구인지 잘 몰랐고, 대부분 친하게 지내던 친구와 같은 모둠이 되려고 했습니다. 나 역시 친하게 지내던 초록이와 한 모둠이 되었고, 우리는 분명히 좋은 점수를 받을 수 있을 거라고 생각했습니다. 왜냐하면 나와 초록이는 4학년 때 1, 2등을 다투던 친구였으니까요.

우리 모둠은 과제를 하나 둘 잘 해결해 나갔습니다. 그러나 보고문을 쓸 때 사소한 의견 차이가 생겼습니다.

"초록아, 이건 끝 부분에 써야 한다니까."

"아니야, 중간 부분에 자세하게 써야 돼."

"실험 결과를 끝 부분에 써야지, 누가 중간에다 쓰냐?"

"너는 꼭 그런 식으로 우기더라. 너 말고 다른 사람은 다 그렇게 써."

"내가 언제 우겼냐? 그래, 그럼 네 말대로 중간에다 써서 그냥 내."

그렇게 해서 우리 모둠은 실험 보고문을 냈고, 내 예상과는 달리 만점을 받았습니다. 나는 조금 풀이 죽었지만 좋은 점수를 받았으니까 괜찮다고 생각했습니다. 하지만 초록이의 태도가 영 마음에 들지 않았습니다. 사사건 건 친구들 앞에서 나를 무시했거 든요.

결정적인 사건은 화이트 데이에 벌어졌습니다. 화이트 데이는 남자 아이들이 좋아하는 여자 아이들에게 사탕을 주는 날이기는 하지만 우리는 친한 친구에게 사탕을 주기도 했습니다. 나는 초록이와 화해 하려고 사탕을 준비해서 학교에 갔습니다. '초록이가 사탕을 받고 마음을 풀어야 할 텐데.' 하고 걱정하면서 말이에요.

그런데 교실 문을 열고 들어섰을 때 나는 어이없는 광경을 보았습니다. 내 책상만 빼고 모든 책상 위에 자그마한 사탕 바구니가 놓여 있었던 거예요. 먼저 와 있던 친구들이 내 눈치를 슬금슬금 살피더니 하나 둘 자리를 피했습니다.

이렇게 사소한 일 때문에 나는 친구들에게 왕따를 당하기 시작했고 그러면서 차츰 학교가 싫어 졌습니다. 당연히 내 마음속에는 친구들을 미워하는 마음이 자라고 있었을 것입니다. 쉽게 마음을 열지 못하는 것도 제 탓만은 아니지요.

  그렇다고 해도 가을이에게 너무 심하게 한 것은 사실입니다. 나
때문에 얼마나 당황스러웠을까요? 내가 진심으로 사과하면 가을
이가 받아 줄까요? 나는 반 아이들의 얼굴을 어떻게 봐야 할지 정
말로 걱정이 되었습니다.

3 모든 인간은 성숙해져야 한다

수업 시간이 꽤 지났을 테지만 나는 교실에 들어가기가 두려웠습니다. 되도록 교실에 늦게 들어가기 위해서 나는 천천히 꽃길을 걸어 내려왔습니다. 꽃길에는 여러 종류의 꽃들이 심어져 있었습니다. 나는 팻말을 읽으면서 꽃들을 살펴보았습니다.

"연두야, 바쁘니?"

깜짝 놀라서 고개를 들어 보니 선생님께서 뒷짐을 지고 서 있었습니다.

"네? 아, 아니요. 그냥 꽃을 보고 있었어요."

"그랬구나. 바쁘지 않으면 선생님을 좀 도와주었으면 좋겠는데……."

"네, 그럴게요."

나는 선생님을 따라 꽃길을 내려왔습니다.

아, 참! 선생님도 교실에서 있었던 일을 아실 텐데……. 아무 말씀도 안 하시네요. 혹시 교무실이나 상담실에 가서 혼내려는 건 아닐까요?

내 예상과는 달리 선생님은 텃밭 쪽으로 걸어가셨습니다. 나는 아무 말 없이 선생님을 따라갔습니다. 선생님은 종이 상자가 있는 텃밭 앞에 멈춰 서서 씨앗이 가득 든 봉지 두 개를 집었습니다.

"자, 너도 하나 들어라."

"아, 네."

"이건 상추 씨앗이란다. 지난 주 실과 시간에 심다가 남은 거야. 오늘은 선생님하고 상추 씨앗을 한번 심어 보자."

나는 선생님과 밭이랑에 상추 씨앗을 심었습니다. 상추 씨앗을 심는 일은 어렵지 않았습니다. 씨앗을 살살 뿌리고 그 위에 흙을 조금만 덮어 주면 되니까요. 내가 한창 씨뿌리기에 열중해 있을

ANOTHER DAY, CLOUDY MEMORY
as this moment am i drawing
to remember or to erase

— 83 —

Maisons Neuves 26
83 PIGNANS
(VAR)

HER DAY, CLOUDY MEMMY
is moment am i drawing
remember or to erase

Maisons Neuves 26
83 PIGNANS
(VAR)

때였습니다.

"연두야, 너 혹시 듀이라는 사람에 대해서 들어 본 적 있니?"

"듀이요? 아니요, 없는데요."

"듀이는 미국의 철학자이자 교육자란다. 사회문제에도 관심이 많은 사회 비평가이기도 하고."

나는 선생님이 왜 듀이라는 사람의 이야기를 꺼내는지 이유를 알 수 없었지만 귀 기울여 들었습니다.

"제1차 세계 대전이 끝난 뒤 미국의 경제는 어려웠고, 도시화(특정 지역으로 인구가 집중되어 도시의 특성이 확대되어 가는 과정), 획일화(개인의 다양한 생각과 행동을 무시하고 일정한 틀에 넣어 똑같이 만들려고 하는 경향)되면서 그에 따른 문제가 생겼단다. 듀이는 미국의 한 시민으로서 이러한 사회문제를 해결하려고 했지."

아아, 선생님이 듀이 이야기를 왜 꺼내셨는지 이제야 알 것 같네요. 듀이가 자기 나라의 문제를 해결하려고 한 것처럼 나도 내 문제를 해결해야 한다는 것이겠지요? 그렇다면 선생님이 내게 해결 방법이라도 알려 주시려는 걸까요?

"듀이는 인간은 누구나 문제 상황에 부딪힐 수 있다고 생각했어. 너는 문제에 부딪히면 어떻게 하니?"

"음……. 어떻게 해결할지 생각해 봐요."

"그래. 인간은 문제 상황이 생기면 그것을 해결하기 위해서 생각이라는 걸 하지. 여기서 듀이는 문제를 해결하려는 의지를 충동이라고 하고, 충동을 자세히 인식해 해결하려는 의식을 지성이라고 했단다. 다시 말해 지성이란 문제 상황을 정확히 관찰해 미래를 예측하고 어떻게 행동할지 알려 주는 거야."

나는 문득 교훈이 떠올랐습니다. '지성으로 실천하여 성숙한 인간이 되자.'

"그렇다면 선생님, 지성으로 실천하면 정말 성숙한 인간이 될 수 있나요?"

"하하하, 어떤 면에서 보면 성숙한 인간이 된다는 것은 죽을 때까지 불가능할 수도 있단다. 우리가 속한 사회는 끊임없이 발전하기 때문이지. 인간과 사회가 발전하면 우리가 알던 지식과 충돌을 일으켜서 문제 상황이 생길 수가 있거든."

"과학 기술이 발전해서 천동설을 믿던 사람들이 지동설을 알게 된 것처럼 말이죠?"

"그래, 좋은 예를 들었구나. 그러나 자연 과학에서 충돌은 쉽게 해결될 수도 있지만 사회에서 일어나는 충돌은 쉽게 해결되지 않을 수도 있어. 인간은 자연 환경과 불균형을 이루거나 정치, 경제, 사회, 교육 등에서 문제가 생기면 지성을 이용해 생각을 하지. 이렇게 지성을 이용해 사고를 하면 지식이 만들어지는데, 지식이 우리 몸에 쌓이면 습관이 된단다. 연두에게도 습관이 있니?"

"네, 저는 불안할 때 연필이나 볼펜을 돌려요."

"그렇구나. 연두가 언제 연필이나 볼펜을 돌리는지 살펴봐야겠는데……."

"앞으로는 못 보실지도 몰라요. 고치려고 노력하고 있거든요."

"정말?"

"네, 그런데 좀 힘들기는 해요. 돌리지 않고 참으려고 하면 더 불안하거든요."

"그렇지. 고치기 어려우니까 습관 아니겠니? 듀이가 말한 습관 역시 우리 몸에 배어 굳어지면 바꾸기가 쉽지만은 않단다. 그래서 사회가 변하면 습관은 인간이나 사회와 충돌해 문제를 일으키는 거지. 하지만 우리에게는 충동과 지성이 있어서 생각을 하고, 다시 습관을 형성해 점점 성숙하게 변해 가는 거란다."

나는 지금까지 선생님께서 하신 말씀이 어떤 의미인지 알 수 있었습니다. 선생님은 오늘 있었던 일을 듣고 나를 나무라기보다는 내가 문제를 생각해 볼 수 있도록 도와주신 것입니다.

"연두야, 친구들 앞에서 가을이를 무안하게 만든 건 분명히 성숙하지 못한 행동이지만 사람은 누구나 그런 실수를 할 수 있어. 또 실수를 하면서 얻은 생각과 경험으로 더 성숙한 사람이 될 수 있단다."

나는 선생님께 바랐던 해결 방법을 얻을 수는 없었지만 선생님의 말씀에 용기를 얻었습니다. 나뿐만이 아니라 인간이라면 누구나 문제 상황에 처할 수 있고, 그 상황을 해결하려고 노력하면 된다는 것을 배웠으니까요.

"연두야, 너 서부영화 본 적 있니? 카우보이가 나오는 영화 말이야."

"네, 본 적 있어요."

"서부영화에서 무엇보다 중요한 건 개척 정신이라고 생각한다. 보다 평온한 삶의 터전을 찾기 위해 온갖 위험을 이겨 내며 서부로 달려가는 거지. 말과 마차를 타고 서부로 이동하는 사람들은 험난한 문제를 해결하면서 행복한 삶을 찾으려는 용감한 개척자였어. 연두야, 너도 서부 개척자가 되어 보지 않을래?"

나는 선생님의 말씀을 듣고 말없이 고개를 끄덕였습니다.

철학 돋보기

인간과 사회의 성숙

예전부터 오늘날까지 수많은 사상가들은 인간을 가리켜서 '이성적인 동물' 또는 '생각하는 존재'라고 했습니다. 인간은 누구나 환경에 적응하면서 환경을 변화시키고 개선해 나갑니다. 이러한 과정을 거치면서 인간은 성숙해 가기 마련이지요.

인간이 다른 동물들과 구분되는 중요한 특징 중 하나는 누구나 목적의식을 가지고 있다는 사실입니다. 다음과 같은 학생들의 말을 들어 봅시다.

"내 목적은 일찌감치 외국으로 유학 가는 거야. 나는 미국으로 유학 가서 미국 사람처럼 영어로 유창하게 말하는 법을 배우고 최신 생명공학을 공부해서 박사 학위를 딸 거야."

"내 목적은 좀 달라. 나는 농업을 공부한 다음 시골로 가서 농사에 종사할 거야. 그냥 농사가 아니라 특수한 작물들만 재배해서 우리 입맛에 맞는 농산물을 만드는 일을 할 거야."

"나는 화가가 될 거야. 요즘은 산업사회라서 아름다운 자연경관이

많이 사라져 가고 있어. 나는 사람들의 마음속에 아름다운 자연의 모습을 심어 주기 위해서 풍경화를 주로 그릴 거야."

"나는 사업가가 될래. 돈을 많이 벌어서 가난한 사람들을 위해 쓰는 것이 내 인생의 목적이야."

이렇게 사람마다 목적이 다릅니다. 우리는 생각을 하면서 환경을 개선해 나가며 목적을 세우지요. 말하자면 인간은 지성으로 자기 자신을 끊임없이 변화시켜 나갑니다. 미국의 대표적인 실용주의 철학자인 듀이에 따르면 지성의 가장 핵심이 되는 과제는 성숙 그 자체라는 것입니다.

어떤 학생이 장래에 화가가 되겠다고 하거나 의사가 되겠다고 할 때 화가나 의사가 그 학생의 목적일 수 있습니다. 그러나 그런 목적은 부분적인 목적이고 목적 자체가 될 수는 없습니다. 부분적인 목적은 또 다른 목적을 낳게 합니다. 화가가 된 사람은 전원생활을 목적으로 삼을 수도 있고 경제적으로 여유 있는 삶을 목적으로 삼을 수도 있습니다.

인간은 어디까지나 생각하는 존재인 만큼 지성의 과제를 가지지 않을 수 없지요. 우리는 사회생활을 하면서 습관에 따라서 움직입니다. 이미 몸에 밴 습관에 따라서 거의 자동으로 하루하루 지내는 것입니다. 그렇지만 인간은 생각하는 힘을 지녔기 때문에 습관을 바꾸면서 자신을 성숙시키고 나아가 사회를 성숙하게 합니다.

　물론 어떤 사람들은 습관에 물들어서 지성의 창조적인 능력을 사용하지 못하고 사회를 닫힌 곳으로 전락시키기도 하지만, 지성은 인간과 사회를 성숙시키는 힘이기 때문에 우리는 미래에 대한 희망을 버릴 수 없습니다. 인간과 사회의 성숙 자체가 우리의 목적입니다.

듀이의 교육 사상

 학교는 아동의 성장을 위한 곳으로 아동이 바람직한 방향으로 끊임없이
성장하는 것을 돕기 위한 곳이다.

― 듀이 (민주주의와 교육)

1 새 친구 가을이

선생님과 씨앗을 심고서 교실로 들어와 보니 반 아이 서너 명이
자리에 앉아 있었습니다. 나는 아이들과 눈을 마주치기가 무서워
서 제대로 쳐다보지 못했지만 가을이가 있다는 것은 알 수 있었습
니다. 나는 쭈뼛쭈뼛 가을이에게 다가가 어렵사리 말을 걸었습니
다.

"저, 저기, 잠깐만 나랑 얘기 좀 할래?"

나는 가을이가 "너랑 할 말 없는데……." 하면 어쩌나 걱정이 되

었습니다. 하지만 가을이는 "그래, 잠깐만 나갈까?"라고 했습니다. 가을이는 자리에서 일어나 먼저 교실 뒷문 쪽으로 갔습니다. 나는 오히려 가을이의 뒤를 따라 교실을 빠져나왔습니다. 혹시 가을이는 힘이 센 친구가 아닐까요? 지금 이 분위기는 불량스러운 친구들이 힘 약한 친구들을 불러낼 때와 비슷한데…….

가을이는 나를 뒤에 두고 한참이나 걸어가더니 멀리 떨어져 있는 교실 문을 열고 들어갔습니다. 이 교실은 아마도 체육 시간에 쓰는 도구들을 모아두는 곳인 것 같았습니다. 여러 종류의 공과 줄다리기에 쓰는 줄, 뜀틀 등이 있었습니다.

가을이는 두 장이 포개져 있는 매트 위에 앉았습니다.

"여기가 좀 어둡고 별로 상쾌하지는 않지만 푹신한 매트도 있고 제법 앉아서 놀기가 좋아."

가을이는 웃으면서 자기 옆 자리에 앉으라는 시늉을 했습니다. 나는 다소곳이 매트 위에 앉았습니다. 어떻게 말을 꺼내야 할지 망설이다가 어렵게 입을 열었습니다.

"저, 있잖아. 내가 그런 말을 한 건 말야, 나는 네가 말해 준 게 고마웠는데 다른 말이 나와 가지고. 그러니까, 가을아, 내가 진짜 그러려고 한 건 아니고, 정말 미안해."

나는 예방주사 맞을 차례를 기다릴 때보다도 더 안절부절못했습니다. 가을이는 내 얼굴을 보면서 밝게 웃었습니다.

"괜찮아. 처음에는 당황했는데 네 표정을 보니까 실수로 나온 말이라는 걸 알겠더라구. 그 모습을 찍어 뒀어야 하는 건데 너무 아까워."

가을이는 농담까지 하면서 내 사과를 받아 주었습니다. 가을이는 힘이 센 친구가 아니라 천사인가 봅니다.

"사실 나는 너보다 더 심했어. 친구들하고 말다툼하고 수업 땡땡이 치고. 우리 학교에서 선생님이랑 씨앗을 제일 많이 심은 사람이 아마 나일 걸. 너도 선생님이랑 씨앗 심으면서 얘기했지?"

"으응."

"그게 우리 선생님이 잘못한 학생을 혼내는 방법이야. 선생님 덕분에 나는 마음을 터놓고 이야기도 하고 문제가 생기면 어떻게 해야 할지 도움도 받고 그랬어."

우리 학교 뒤편에 텃밭이 많은 이유를 알겠네요. 우리가 흔히 문제라고 부르는 학생이 많으면 많을수록 씨앗 심을 일도 많을 테니 텃밭이 여러 개 필요하겠죠? 거기다 비닐하우스까지 있으니 추운 겨울에도 문제가 없을 거예요.

"그런데 이제는 내 마음을 털어놓을 사람이 또 한 명 생긴 거 같은데……."

가을이는 내게 손을 내밀었습니다. 나도 손을 내밀어서 가을이의 손을 잡고 가볍게 흔들었습니다.

나는 오늘 좋은 선생님과 좋은 친구가 있다는 것을 알게 되었습니다. 또 잘못했을 때 사과할 수 있는 용기도 배웠습니다. 학교는 외롭고 힘들기만 한 곳이었는데 더 이상 그럴 것 같지 않다는 희망도 생겼습니다.

2 교실을 뛰쳐나가다

선생님께서 말씀하신 성숙에 한 걸음 더 가까워지고 나서 학교 생활은 매우 즐거웠습니다. 반 아이들과도 잘 지내게 되었고, 수업도 재미있었습니다. 정말 아빠 말씀대로 들꽃학교는 시설도 잘되어 있고 수업 내용도 좋은 것 같습니다.

서울에서는 매일 책을 읽고 수학 문제를 풀고 영어 숙제를 해야했는데, 여기서는 꼭 현장학습에 온 기분이 듭니다. 책 내용을 배우는 게 아니라 실험을 하거나 무언가 만들어 보는 수업을 하거든요.

그저께는 방송반 언니, 오빠들이 만든 광고 테이프를 보고 이야기를 나누었습니다. 학교 텃밭에서 자라는 배추를 파는 광고인데 덤으로 무를 준다는 내용이었습니다. 광고를 보고 나서 친구들이 배추를 얼마나 사야 무를 주는지, 광고에 나오는 문구가 너무 흔하지 않은지 등 비판을 하기는 했지만 밀짚모자를 쓰고 농부 흉내를 내는 언니, 오빠들 때문에 너무 재미있었습니다.

또 찰흙을 빚어 연필꽂이나 컵을 만들기도 했습니다. 나는 원통 모양 연필꽂이를 만들었습니다. 예쁘게 만들려고 겉면에 하나하나 그림도 새겨 넣었습니다. 우리 반 아이들이 만든 연필꽂이와 컵이 구워져서 오면 나는 내가 만든 연필꽂이를 가을이에게 선물할 생각이에요.

참, 어제는 학교에서 큰 행사가 열리기도 했습니다. 서울에서도 가끔 하는 행사인데 벼룩시장 같은 것입니다. 전학 오자마자 벼룩시장이 열리다니 정말 행운입니다. 벼룩시장에서는 싼값에 책이나 게임 CD들을 살 수 있거든요. 이번에도 내가 갖고 싶었던 이야기책과 게임 CD를 사서 아주 기뻤습니다.

이야기책과 게임 CD를 들고 신이 나서 집에 오는데 엄마에게 전화가 왔습니다. 내가 할머니 댁에 오고 나서 엄마는 하루도 거르지 않고 전화를 합니다.

"연두야, 저녁은 먹었니?"

"네, 엄마는요?"

"엄마도 먹었어. 어디 아픈 데는 없지?"

"그럼요. 엄마는 하루도 안 빠지고 밥 먹었냐, 어디 안 아프냐 물어보시더라."

"걱정되니까 그렇지. 오늘은 학교에서 뭐 배웠어?"

"음, 오늘은요. 시장의 경제 원리 같은 걸 배웠어요."

"학교에서 공부는 잘 가르쳐 주니? 엄마는 네가 여기 애들보다 뒤쳐질까 봐 걱정이야."

"걱정하지 마세요. 선생님들이 수업도 정말 잘 가르쳐 주시고요, 진짜 재미있어요."

"그래, 거기서도 공부 열심히 해야지. 할머니 말씀도 잘 듣고. 알았지?"

"네."

휴우. 사실 엄마에게는 매일매일 거짓말을 했습니다. 학교에서 상추 씨앗을 심은 날은 생태계에 관한 수업을 들었다고 하고, 광고 테이프를 본 날은 국어 수업을 열심히 들었다고 했습니다. 내가 학교에서 어떤 수업을 듣는지 아시게 되면 당장이라도 서울로 전학을 시키실 테니까요.

하지만 나도 조금은 걱정이 됩니다. 수업이 재미난 것은 좋지만 이렇게 공부를 안 하면 엄마가 말씀하시는 좋은 대학에 못 갈 것 같거든요.

어찌 됐든 지금은 오로지 과학 실험에 대한 생각뿐입니다. 선생님이 평소에 경험하기 어려운 실습을 할 거라고 하셔서 무척 기대가 됩니다.

드디어 과학 실습 시간이 되었습니다. 반 아이들이 네 명씩 한 모둠이 되어 과학실 책상을 둘러싸고 있었습니다.

"자, 여러분 앞에 있는 상자의 뚜껑을 열어 보세요."

나는 우리 모둠을 대표해서 상자 뚜껑을 열어 보았습니다. 순간 나는 날카롭게 보이는 칼, 가위를 보고 겁을 먹었습니다. 다른 친구들도 다들 긴장한 것처럼 보였습니다.

"상자 안에 있는 도구들은 해부할 때 쓰는 거니까 베이지 않도록

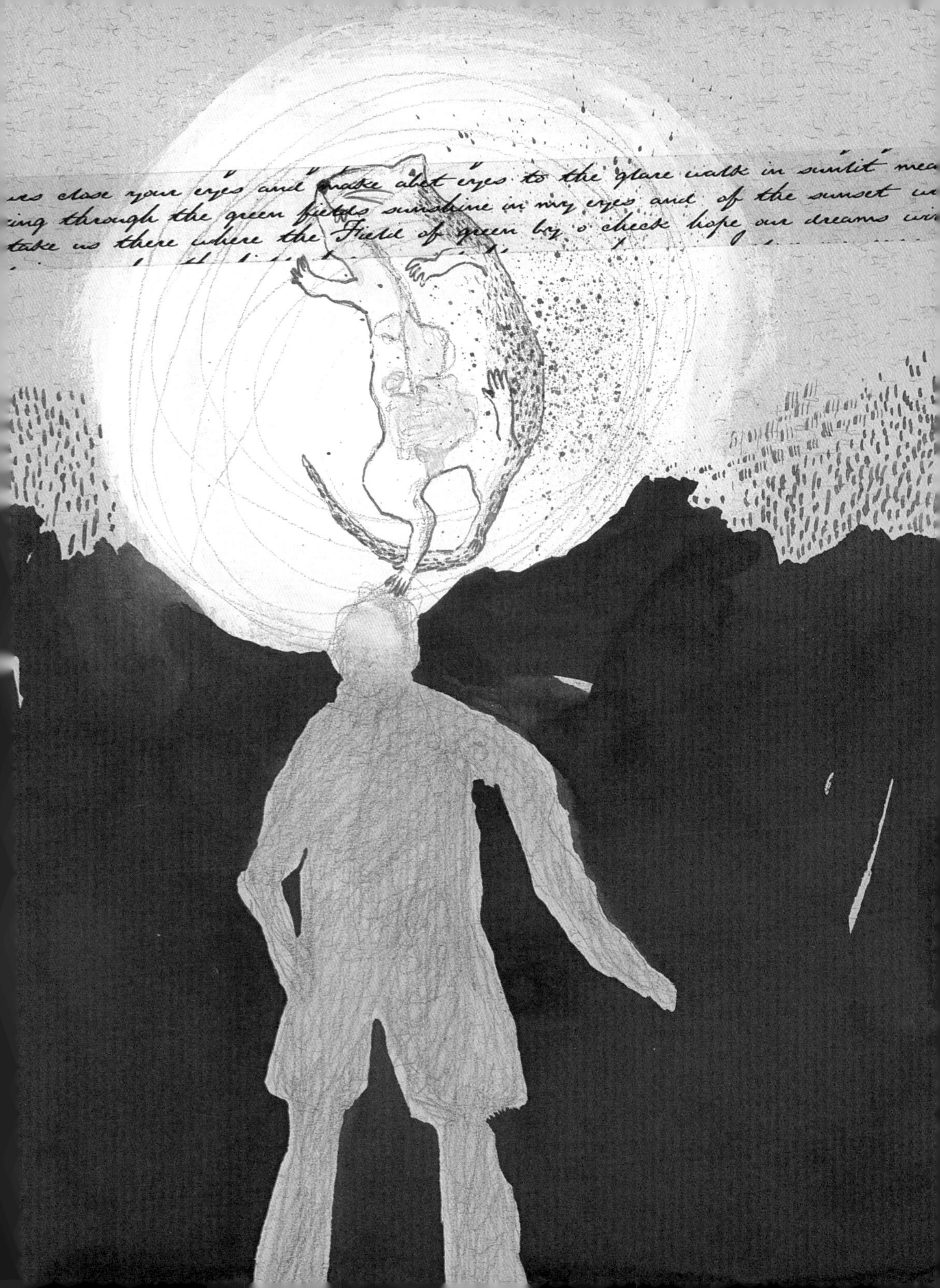

조심하세요."

그때 한 친구가 손을 들더니 선생님께 질문을 했습니다.

"선생님, 무슨 실험을 하는데 이런 도구들을 사용하나요?"

"해부할 때 쓰는 도구니까 아마도 해부 실험을 하겠죠? 오늘은 우리 몸 안의 구조를 알아보기 위해서 쥐를 해부해 볼 거예요."

아니, 쥐를 해부한다고요? 우리가 의사나 간호사도 아닌데 초등학교 과학실에서 해부를 한다니 정말 끔찍했습니다.

"쥐의 몸 안 구조는 우리 몸의 구조와 많이 비슷해요. 여러분도 텔레비전에서 하얗고 조그마한 쥐를 본 적이 있지요? 그 실험쥐를 이용해서 과학자들은 우리 병을 고쳐주는 약을 개발하기도 한답니다. 잠시 뒤에 쥐를 해부해서 우리 몸의 구조와 어떤 점이 같고 어떤 점이 다른지 공부할 거예요.

먼저 우리 몸의 내부 기관을 그려 놓은 그림을 내줄 테니까 모둠끼리 같이 보고 이야기를 나눠 보세요."

나는 선생님이 내주신 인체 해부도를 모둠 친구들과 보았습니다. 아무리 그림이라고 하지만 징그러운 건 어쩔 수 없네요. 우리 모둠의 한 친구는 아무렇지도 않은지 그림 속의 장기들을 짚어 가면서 이야기를 했습니다.

내가 아픈 것만큼이나 싫어하는 게 징그러운 것입니다. 조금 부끄러운 이야기지만 나는 잠자리나 나비 같은 곤충들도 잘 못 잡아요. 그런 곤충들을 만지려고 하면 손에 전기가 오는 것처럼 소름이 돋거든요. 그림도 마찬가지입니다. 지렁이나 개구리 사진이 책에 있으면 그 책이 싫어지기도 한다니까요.

잠시 뒤 선생님은 아이들에게 나누어 줄 실험쥐들을 꺼냈습니다. 나는 쥐를 보자마자 소름이 돋았습니다. 지금부터 저 쥐의 배를 갈라서 그 속을 봐야 한다는 거지요? 나는 도저히 그런 일을 할 수 있을 것 같지가 않았습니다.

결국 나는 교실을 뛰쳐나오고 말았습니다.

3 듀이의 실험학교와 선생님의 들꽃학교

나는 교실을 뛰쳐나와서 그 길로 집으로 달려갔습니다. 달려가면서도 쥐와 인체 해부도가 떠올라서 소름이 돋는 듯했습니다.

하지만 숨이 차기 시작하면서 조금씩 짜증이 났습니다. 나도 자리에 앉아서 듣기만 하는 수업보다는 직접 보고 실험하고 이야기를 나누는 수업이 좋습니다. 그렇다고 해도 매일 무언가를 직접 경험해 보는 수업만 들을 수는 없다는 생각이 듭니다.

나는 집에 들어와서 책상 옆에 둔 상자를 열었습니다. 상자 안에는 서울에서 풀던 문제집들이 가득 들어 있었습니다. 나는 그 중에서 국어와 수학 문제집을 꺼내 풀기 시작했습니다.

얼마나 시간이 흘렀을까요? 주위가 약간 어두워진 것 같기도 합니다. 오래간만에 문제를 푸니까 그 지겹던 문제집도 재미있어서 시간이 가는 줄도 몰랐습니다.

"연두야, 안에 있니?"

밖에서 가을이의 목소리가 들렸습니다.

"응, 나가."

문을 열고 나가 보니 가을이가 내 가방을 들고 서 있었습니다. 나는 가을이가 건네주는 가방을 받아서 마루 위에 두었습니다.

"그렇게 그냥 가는 게 어디 있니? 선생님이랑 아이들이 얼마나 놀랐는지 알아? 이제는 괜찮은 거야?"

"어, 내가 징그러운 걸 좀 싫어하거든. 사실, 선생님의 수업이 조금 마음에 안 들기도 하고."

"왜?"

"여기 와서는 도통 공부란 걸 한 적이 없잖아. 이러다가 서울에 있는 친구들에게 뒤떨어질까 봐 걱정도 된다구."

"안 그래도 너한테 해 줄 말이 있었는데 성격도 참 급하다. 난 네가 공부를 그렇게 좋아하는지는 몰랐어. 하하하."

나는 가을이가 웃는 이유를 알 수 없었지만 해 줄 말이 무엇인지 궁금해서 참을 수가 없었습니다.

"뭔데? 빨리 얘기해 봐."

"집에 오렌지 주스 있니? 우선 주스부터 마시고 얘기해 줄게."

나는 얼른 오렌지 주스를 컵에 따라서 마루에 앉아 있는 가을이에게 갖다 주었습니다. 가을이는 목이 말랐는지 주스를 한꺼번에 다 들이켰습니다.

"어제 선생님이 부르셔서 교무실에 갔었는데, 네가 학교생활에 잘 적응하고 있는지 물어보시더라. 그래서 반 아이들과도 잘 지내는 것 같고 수업이 재미있다는 말도 했다고 말씀드렸지."

"말씀드렸더니?"

"이제는 다른 공부를 시켜도 될 것 같다고 하셨어."

"다른 공부가 뭔데?"

"응, 우리 학교에서도 야외 수업이나 실험, 실습만 하는 것이 아니라 교과서 내용도 배우고, 하고 싶은 학생에 한해서 문제집 풀이도 해."

"그런데 왜 나는 그런 수업을 못 받았지?"

"그게 말야, 너희 아버지가 오셔서 네가 학교생활에 적응할 때까지는 가급적 암기 수업이나 문제집 풀이는 시키지 말아 달라고 부탁하셨대. 네가 공부에 신경을 쓰다 보면 마음이 나을 시간이 없을 거라고……."

우리 아빠는 언제 학교에 다녀가셨을까요? 여기까지 오셨는데 내 얼굴도 안 보고 가시고. 그래도 역시 우리 아빠밖에 없습니다.

"그리고 쥐 해부하는 건 다른 학교에서도 다 해. 안 하는 학교는 실험 도구가 준비되지 않은 학교거나 문제 푸느라 바쁜 학교일 걸."

나는 괜히 선생님을 원망한 것 같아 죄송한 마음이 들었습니다.

"나는 우리 선생님이 수업하시는 게 마음에 들어. 우리에게 무언가를 강요하시기보다는 이해시키고 적극적으로 참여할 수 있도록 도와주시거든."

"나도 우리 선생님이 좋아. 선생님 덕분에 좋은 친구도 사귀고 학교도 잘 다니잖아."

"전에 선생님이 그러셨는데 선생님은 존 듀이라는 사람을 존경해서 우리 학교를 세우셨대."

"존 듀이? 아, 우리에게 문제가 생겼을 때 지성을 통해서 문제를 해결해야 한다고 한 사람 말이지."

"응, 듀이는 자신이 교육에 대해 품었던 꿈을 이루기 위해서 시카고대학 안에 실험학교를 세웠대. 듀이는 실험학교에서 학생들에게 다양한 경험을 제공하는 수업을 했는데, 학생이 스스로 생각하고 활동할 수 있는 존재라고 믿었기 때문이야. 그래서 듀이는 일방적으로 지식을 암기시키기보다는 경험을 하면서 학생 스스로 깨닫는 교육을 중시했대."

"와, 듀이는 진짜 우리 선생님이랑 비슷하구나. 아니, 선생님이 듀이랑 비슷한 건가?"

"그것 말고 비슷한 점이 또 있어. 듀이나 우리 선생님이나 사람의 도덕적인 면에 무척 관심이 많다는 거지. 사람들은 나이가 들면서 다양한 경험을 통해 점점 성숙해지지만 모두 좋은 방향으로 성숙하는 건 아니니까. 교육이 사람들의 도덕적인 성격을 발달시켜 좋은 방향으로 성숙할 수 있도록 도와준대."

"그래, 맞아. 사람들은 좋은 쪽으로 성숙하기도 하지만 나쁜 쪽으로 성숙할 수도 있는 거 같아."

우리 주위를 살펴보면 정말로 그렇습니다. 어른들은 분명히 우리보다 훨씬 더 성숙해졌을 텐데 우리보다 성숙하지 못하게 행동하기도 하거든요. 다른 사람과 싸우면서 욕을 하는 어른들이나 길거리에 담배꽁초를 함부로 버리는 어른들, 물건을 훔치거나 남을 때려서 텔레비전 뉴스에 나오는 어른들은 나쁜 쪽으로 성숙한 것이 분명합니다.

"듀이는 우리가 나쁜 쪽으로 성숙한 사람이 되는 것을 막고 올바르게 성숙하도록 돕기 위해서, 학생들에게는 학교가 필요하다고 했어. 학교는 학생들에게 가치 있는 경험을 제공해서 올바르게 성숙하도록 도와준다는 거야."

"가치 있는 경험이 뭔데?"

"가치 있는 경험이란 우리가 살아가면서 부딪히는 문제를 해결할 수 있게 하는 경험이래. 또 듀이는 학교가 우리의 생활 속에서 가치 있는 경험을 하도록 해야 한다고 주장했어. 우리가 미래에 잘 살기 위해서 교육을 받는 것이 아니라 지금 생활하는 데 문제가 없도록 하기 위해 교육을 받는 거라는 말이야."

"아, 그렇구나."

나는 우리 선생님을 이해할 수 있었습니다. 선생님이 듀이를 존경해서 들꽃학교를 세우셨으니, 들꽃학교에서 '가치 있는 경험'을 제공하려는 것은 아주 당연하니까요. 선생님은 우리가 좋은 중학교, 좋은 고등학교, 좋은 대학교에 가는 것보다 실제 생활에서 필요한 것들을 가르치고 싶어 하겠지요?

"그런데 가을아, 듀이가 세운 실험학교는 어떻게 됐어?"

"응, 실험학교는 안타깝게도 칠 년 만에 문을 닫고 말았어. 듀이는 학생들의 수준과 흥미를 고려해서 교육을 하려고 했지만 시카고대학이 듀이의 새로운 시도를 인정해 주지 않았기 때문이야."

나는 우리 선생님이 떠올라서 가슴이 덜컥 내려앉았습니다. 우리 학교도 듀이의 실험학교처럼 문을 닫게 되면 어떡하지요? 나도 시카고대학처럼 선생님의 수업을 싫어할 뻔했으니 나처럼 생각하는 사람들이 또 있을 것입니다. 엄마도 우리 학교에서 수업을 잘 하는지 의심스러워서 매일 전화를 하시니까요.

나는 들꽃학교만은 오랫동안 남길 바라고 또 바랐습니다. 내가 졸업을 한 뒤에도 들꽃학교에서 우리 선생님의 꿈이 이루어지는 걸 보고 싶었습니다.

"나 그만 집에 가야겠다. 우리 집까지 데려다 줘."

"그건 좀 힘들고, 내가 특별히 우리 집 대문 앞까지는 데려다 줄게."

"하하하, 됐다, 됐어. 내일 보자."

"응, 잘 가."

나는 가을이의 뒷모습을 보면서 내일부터는 선생님 수업을 더 열심히 들어야겠다고 다짐했습니다.

교육과 민주주의

인간은 도덕적인 존재입니다. 도덕이란 인간이면 누구나 지켜야만 하는 사회의 가치 규범이지요. 여러 사상가들은 현대사회가 도덕규범을 상실했다고 지적하며 심지어 현대사회를 '인간성 상실의 사회'라고 말하기까지 합니다. 그러면 현대인과 현대사회를 가치관 상실과 연관해서 말하는 입장을 몇 가지 살펴봅시다.

"현대인은 왜소한 인간으로 전락해 버렸어. 하루하루 살아가기에 바쁘고 전통적인 노예도덕에 묶여서 자신의 창조력을 발휘하지 못하는 것이 현대인이야. 현대인은 자기 자신을 뛰어넘어야만 참다운 인간상을 회복할 수 있어."

이것은 우리가 잘 아는 철학자 니체의 입장이지요. 니체는 정지해서 닫힌 전통 가치를 과감히 타파하고 생명력으로 가득 찬 역동적인 가치를 창조할 때 인간이 비로소 창조적인 모습을 되찾을 수 있다고 주장했습니다.

"일상의 인간은 항상 이것이냐 아니면 저것이냐 사이에서 결단하지 못하고 망설이는 존재야. 자신의 삶을 스스로 결단할 때 인간은 실존적인 자기 자신을 찾을 수 있어. 인간은 스스로 결단을 내려서 비약을 체험해야만 구원을 받을 수 있는 거야. 남녀 간의 사랑을 뛰어넘고 또 사회의 도덕규범을 뛰어넘어서 절대적인 신 앞에 서는 종교적 체험을 할 때 인간은 참다운 실존을 되찾을 수 있어.”

이런 생각은 역시 실존철학자인 키르케고르의 입장입니다. 많은 사람들이 현대를 인간성 상실의 시대, 소외의 시대라고들 합니다. 어떤 점에서 보면 현대인과 현대사회를 지배하는 것은 황금만능주의와 물질문명입니다. 그렇기 때문에 많은 사상가들이 현대를 허무주의의 시대라고 진단하면서 허무주의를 극복하기 위해서 다양한 대책을 제시합니다.

오늘날 우리는 무수히 많은 구체적인 사회, 정치, 산업 문제들에 직면해 고뇌합니다. 인간과 사회가 성숙하기 위해서는 지성을 통한 교육이 꼭 필요합니다. 듀이에 따르면 인간과 사회가 성숙하기 위해서는 실험을 교육에 적용해야 합니다. 실험이라는 방법을 자유롭게 사용할 수 있는 사회 제도가 바로 민주주의입니다.

우리는 물리학 실험에서 가설을 세운 다음에 일정한 실험 과정을 거쳐서 결론을 이끌어 냅니다. 듀이의 실험은 물리학의 실험 방법을 윤리학에 도입합니다. 인간과 사회에 관한 가치판단과 신념을 가설로

삼고 이 가설을 실험해서 긍정적인 결과를 이끌어 내는 것이 중요합
니다.

3

실험주의와 도구주의

 살아가면서 부딪히는 문제를 해결할 수 있는 경험, 지식이 가치로운
것이다.

– 듀이(민주주의와 교육)

1 끊임없이 생기는 문제 상황

나는 이제 더 이상 엄마에게 거짓말을 할 필요가 없었습니다. 엄마가 안심하실 정도로 충분히 공부를 하고 있거든요. 그동안 선생님이 숨겨 두셨던 수업까지 듣느라고, 나뿐만 아니라 우리 반 아이들 모두 바쁘게 지내고 있습니다.

나는 그럴 수 있지만 왜 우리 반 아이들까지 모두 바빠졌냐고요? 그건 선생님의 놀라운 시간표 덕분입니다. 선생님이 최대한 실험, 실습 위주로 수업을 할 수 있도록 시간표를 계획하셨던 거지요.

그래서 다른 반 교실에는 붙어 있는 시간표가 우리 반에만 없었던 것인데, 나는 그 사실을 전혀 눈치 채지 못했습니다. 내가 다른 반 교실을 살펴보았거나 계속 학교에 적응하지 못했다면 어떤 일이 벌어졌을까요? 생각만 해도 참으로 재미있는 상황입니다.

요즈음 나는 수업 시간에 교과서 내용을 배우고 그것에 관련된 경험까지 하고 있습니다. 또 방과 후에는 보충수업으로 각 과목의 문제집을 푸는데, 날마다 확인 시험을 봐서 하루도 복습을 안 할 수가 없습니다. 잘난 척을 좀 하자면 나의 지식은 나날이 완벽해지고 있는 거지요.

이렇게 열심히 공부를 하다 보니 어느덧 방학이 다가왔습니다. 반 아이들은 저마다 방학 때 무엇을 할지 이야기하며 들떠 있었습니다. 나는 그동안 많은 일을 겪었기 때문에 마음껏 놀고 싶다고 생각했지만 역시 엄마가 실컷 놀도록 두시지는 않을 것 같습니다.

조회 시간이 가까워지자 반 아이들은 점점 더 시끄럽게 수다를 떨었습니다. 오늘은 어찌 된 일인지 선생님께서 늦으시네요. 그 사이를 틈타 아이들은 목소리를 더욱 높였습니다.

잠시 뒤 선생님은 종이 몇 장을 들고 들어오셨습니다. 아이들은 모두 자리에 앉아서 선생님께 인사를 했습니다.

"여러분, 미안해요. 선생님이 오늘 좀 늦었지요? 갑자기 중요한 행사가 생겨서 늦었어요. 이 행사는 여러분에게도 중요하니까 잘 들어 보세요. 다음 주에 우리 학교로 손님들이 올 거예요. 서울에 있는 초등학교의 학생들인데 여러분이 어떤 수업을 받는지 궁금해서 놀러 온대요. 2박 3일 동안 우리 학교를 견학한다고 하니까 그 친구들이 좋은 경험을 할 수 있도록 우리가 도와주는 게 어떨까요?"

"선생님, 저는 쥐 해부 실험을 한 번 더 했으면 좋겠어요. 서울에서 전학 온 연두도 그 수업을 못 들었으니까 서울 친구들이랑 같이 들으면 좋잖아요."

"하하하하하."

반 아이들이 모두 웃음을 터뜨렸습니다. 선생님도 나에게 눈을 찡긋하며 웃으셨습니다.

"그래, 그거 좋은 생각이구나. 하지만 선생님이 또 쥐를 잡으러 다녀야 하니까 좀 힘들겠는데. 하하하."

"저는 식빵 굽는 걸 해 봤으면 좋겠어요. 저번에 만든 딸기잼도 있으니까 식빵을 직접 구워서 딸기잼을 발라 먹으면 너무 맛있을 거예요."

"식빵보다 쿠키를 만들어 보는 게 어떨까요? 쿠키를 만드는 게 더 재미있을 거 같아요."

"다른 친구들은 어떻게 생각하는지 볼까?"

딸기잼의 유혹이 너무 강했는지 아이들은 식빵을 만들자는 쪽으로 입을 모았습니다. 나도 갓 구운 빵에 딸기잼을 바르는 상상을 하며 군침을 삼켰습니다.

이런저런 의견이 나오고 2박 3일 일정표가 서서히 완성되어 갔습니다. 다들 적극적으로 의견을 내고 조정하느라 시간이 가는 줄도 몰랐습니다.

나도 무언가 좋은 의견을 내고 싶어서 골똘히 생각을 해 보았습니다. 음, 뭐가 좋을까요?

아, 듀이! 듀이 덕분에 들꽃학교가 세워진 거니까 듀이에 대해 말할 시간이 있으면 정말 좋을 것 같습니다. 왜 진작에 듀이가 생각나지 않았을까요?

"선생님, 서울 친구들과 수업을 한 다음에 같이 이야기를 나누어 보는 게 어떨까요? 수업이 어떻게 다른지, 장점과 단점이 무엇인지 이야기를 나눠 보면 서로에게 도움이 될 것 같아요. 또 선생님이 들꽃학교를 세우신 얘기를 해 주셔도 좋을 것 같아요."

"와."

여기저기서 아이들의 탄성이 터져 나왔습니다. 나는 조금 우쭐한 기분이 들었습니다. 하지만 그보다도 선생님이 얼마나 멋진 분인지 자랑할 생각에 매우 즐거웠습니다.

"연두가 좋은 의견을 냈구나. 서울 친구들의 이야기를 들어 보면 새로운 것도 배우고 우리의 문제점을 고치는 데도 도움을 얻을 수 있겠지? 자, 일정표는 어느 정도 마무리된 것 같으니 선생님이 정리해서 게시판에 붙여 둘게요. 그리고 2박 3일 동안 같이 공부할 모둠 편성도 서울 선생님과 상의해서 알려 줄 테니까 잘 확인해 보세요."

조회가 끝나고 반 아이들은 부랴부랴 운동장으로 나갔습니다. 일교시는 체육 시간인데 옆 반과 발야구 시합을 하기로 했거든요. 시합 전에 연습을 했어야 했는데 조회가 길어져서 연습할 시간이 부족했습니다.

그래도 우리 반이 꼭 이길 거라고 생각합니다. 우리 반에는 '발야구의 신'들이 꽤 많으니까요. 공을 뻥뻥 잘 차서 상대편을 식은땀 흘리게 하는 친구, 공이 아무리 높이 떠 있어도 겁내지 않고 용감하게 잡는 친구, 진짜 빨리 달려서 발이 안 보일 것 같은 친구. 나도 홈런에는 한몫할 자신이 있습니다.

예상했던 대로 옆 반과 한발야구 시합에서 우리 반이 이겼습니다. 다 '발야구의 신'들이 열심히 뛴 덕분이지요. 시합에 참여했던 친구들은 상대편과 악수를 하고서 응원하던 친구들에게 달려갔습니다. 응원하던 친구들이 우리에게 손을 흔들거나 박수를 쳐 주었습니다. 일이 있어서 못 나오셨던 선생님도 언제부터 계셨는지 우리를 향해 박수를 치셨습니다.

나는 교실에 들어가기 전에 가을이와 체육실로 갔습니다. 우리 반이 우승한 기념으로 뒷정리를 맡았는데 가위바위보에서 진 나와 가을이가 공을 챙기게 된 것입니다.

"연두야, 나는 네가 정말로 걱정스러워."

"왜?"

"다음에도 또 뛰쳐나가는 건 아닌가 싶어서 말이야."

"다음에 언제? 내가 왜 뛰쳐나가?"

"서울 친구들이랑 쥐 해부할 때 또 뛰쳐나가면 어떡하니?"

"야!"

가을이가 나를 보며 빙그레 웃었습니다. 나는 조금 민망했습니다. 그때는 쥐를 해부하는 일이 너무 끔찍하기도 했고, 선생님이 그런 실험을 시키시는 게 불만스러워서 그랬지만 지금 생각해 보면 부끄럽기도 하니까요. 물론 지금도 쥐를 해부한다고 생각하니까 걱정스럽기는 합니다. 그래도 이번에는 꼭 잘해 낼 생각입니다.

"야! 이번엔 내가 직접 배를 가를 테니까 두고 봐. 의사보다 훨씬 폼 나게 해부할 거야."

"오, 그러셔. 정말 기대되는데⋯⋯."

"내가 실험의 진정한 의미를 배웠거든. 듀이가 그러는데 말야, 아무런 조건도 없이 하는 실험은 실험이 아니래. 실험이란 어떤 이론을 가설(어떤 사실을 설명하거나 어떤 이론이 옳은지 그른지 알아보기 위해서 가정해 두는 것. 이것이 관찰이나 실험에 의해 검증이 되면 타당한 진리로 받아 들여진다.)로 인정하고 그 가설이 참인지 밝히는 과정이야. 그래서 쥐를 해부하는 실험이 중요한 거지. 단순히 쥐를 해부하는 것이 목적이 아니라, 우리 몸의 구조와 기능이 어떠한지 가설을 세우고 참인지를 알려 주는 실험이니까."

나는 좀 덜 민망하려고 아는 척을 했습니다.

"오, 대단한데. 듀이의 실험주의는 언제 공부했어?"

"뭐야? 너도 알고 있었어?"

"응, 독후감 숙제를 하느라고 듀이에 관한 책을 읽어 본 적이 있거든. 듀이는 우리가 살아가는 세계를 실험실로 여기고, 세계의 모든 것을 실험 대상으로 삼았대."

"그렇다면 듀이가 세운 가설은 뭐야?"

"우리가 사는 세계가 끊임없이 발전하며 이 세계 안에서 우리는 지성을 이용해 성숙한 인간이 될 수 있다는 것이 듀이의 가설이야."

"그럼, 듀이는 인간의 지성을 실험 도구로 생각했겠네?"

"응. 듀이는 우리의 삶을 하나의 실험으로 본 거야. 문제 상황이 생기면 인간은 지성을 이용해서 문제를 해결하려고 하니까 이런 실험이 반복되다 보면 바람직한 사회가 이루어지리라고 믿은 거지."

"듀이는 정말 똑똑한 사람인 것 같아. 우리의 삶을 다양하게 관찰하고 실험하려면 머리가 엄청 아팠을 텐데 말이야."

가을이와 듀이에 대해서 이야기하다 보니 금세 교실에 도착했습니다. 교실로 들어가니 몇몇 아이들이 게시판 앞에 모여 있었습니다. 아마도 선생님이 일정표와 모둠 구성원을 정리해서 붙여 두신 것 같았습니다.

나와 가을이도 게시판 앞으로 가서 일정이 어떠한지, 우리가 어느 모둠에 속해 있는지 확인해 보았습니다. 순간 나는 너무 놀라서 소리를 지를 뻔했습니다.

글쎄 우리 학교를 방문한다는 서울의 초등학교가 내가 다니던 명문초등학교였던 것입니다. 뿐만 아니라 나는 초록이와 같은 모둠이고, 그것도 늘 붙어 다녀야 하는 짝꿍 역할이었습니다.

"가, 가을아. 저기 명문초등학교라고 써 있는 거 맞지?"

"그런데, 왜?"

"내 짝꿍이 김초록인 것도 확실해?"

"응, 확실해. 왜 그러는 건데?"

아무리 생각해도 이건 진짜 수상한 일입니다. 내가 명문초등학교에서 전학 왔다는 걸 잘 아시면서 조회 시간에 아무 말씀도 안

하셨으니까요. 명문초등학교 선생님과 짜고 일부러 초록이와 한 모둠이 되게 한 것이 분명합니다.

나는 얼른 교무실로 뛰어갔습니다. 빨리 선생님을 만나서 이 상황에 대해 따지고 싶었습니다.

"어, 연두 왔구나. 교무실에는 무슨 일로 왔니?"

"선생님, 어떻게 이러실 수가 있어요?"

"왜? 무슨 일이야?"

"모르는 척하지 마세요. 서울에서 온다는 초등학교가 명문초등학교라는 걸 다 알고 계셨잖아요. 그런데 왜 미리 말씀을 안 해 주셨어요? 그리고 어떻게 초록이와 짝꿍을 하라고 시키실 수가 있어요?"

"연두야, 숨 좀 돌리고 선생님 말을 들어 봐. 명문초등학교에서 우리 학교를 방문하겠다고 한 건 정말 우연이었어. 혹시 서연두라는 학생을 아시냐고 물으니까 명문초등학교 선생님도 놀라시더라구. 그 선생님과 너에 대해서 이야기를 나누다가 이런 결정을 내리게 됐단다. 나쁘게만 생각하지 말고 좋은 방향으로 생각해 보렴. 선생님은 너에게 또 한 번 성숙할 기회가 찾아왔다는 생각이

드는데⋯⋯."

"그래도 이건 너무해요. 꼭 같은 모둠에 짝꿍까지 시키실 필요는 없잖아요."

"그래, 선생님이 내린 결정이 심할 수도 있어. 하지만 너와 초록이가 짝꿍이기 때문에 화해할 기회를 더 쉽게 얻을 수도 있지 않을까? 너도 초록이와 화해하고 싶지?"

"네, 그러고 싶어요. 아무리 그래도 시간이 좀 지나서 화해해야지, 어떻게 만나자마자 화해를 해요."

"선생님의 말은 그런 뜻이 아니란다. 처음에는 어색하겠지만 같이 지내면서 얘기를 시작해 보라는 거야. 만일 너와 초록이가 서로 다른 모둠에 있다고 생각해 보렴. 너희 둘 다 어색하니까 자꾸 서로를 피하게 되지 않겠니? 그러다 보면 시간이 없어서 친구를 그냥 보내야 할지도 몰라."

나는 선생님의 말씀이 이해가 되기도 했지만 아직은 원망스러운 마음이 가시지 않았습니다.

"연두야, 어떻게 하면 좋을지 고민해 보렴. 선생님이 도울 일이 있다면 열심히 도와줄게."

나는 다음 주에 벌어질 일들을 상상해 보았습니다. 초록이가 우리 학교에 온다면 어쩔 수 없이 부딪히게 되겠지요? 선생님 말씀대로 우리가 다른 모둠에서 지내면 서로 마주치지 않으려고 애를 쓰다가 사흘이 훌쩍 지나 버릴지도 모릅니다.

　그러나 나는 초록이와 짝꿍이 되어서 사흘을 같이 보낼 수 있을지 자신이 없습니다. 만일 내가 초록이에게 화해하자고 말한다면 초록이는 내 마음을 받아 주기나 할까요? 초록이는 듀이에 대해 배우지 않았을 테니 어려울 거라는 걱정이 앞섭니다.

2 또 한 번 성숙하기 위해서

오늘은 명문초등학교 선생님과 학생들이 우리 학교를 방문하는 날입니다. 우리 반 아이들은 운동장에 모여서 명문초등학교 손님들을 기다리고 있었습니다. 이윽고 운동장으로 버스 한 대가 들어와 섰습니다. 버스 문이 열리자 선생님과 학생들이 하나 둘 내렸는데, 아는 사람이라고는 초록이뿐이었습니다. 아마도 5학년 학생들 중에서 견학을 신청한 아이들만 왔거나 선생님들이 선발한 아이들만 왔나 봅니다.

우리 반 아이들과 명문초등학교 학생들은 서로 인사를 나누었습니다. 선생님들은 악수를 나누며 인사를 하시고, 아이들은 같은 모둠의 친구들을 찾아 짝을 이루었습니다. 아, 드디어 올 것이 오고야 말았네요. 나는 초록이에게 아주 어색하게 인사를 건넸습니다. 초록이는 한밤중에 귀신을 만난 사람처럼 놀라서 아무 말도 하지 못했습니다.

우리는 알은척도 제대로 하지 못하고 학교를 구경하기 시작했습니다. 나는 최선을 다해 친절하고 상냥하게 학교를 안내해 주었습니다. 특히 학교 뒤편 꽃길에 대해서 정성을 들여 설명했습니다.

"이 길은 우리 학교 학생들이 좋아하는 곳이야. 예쁘기도 하지만 수업에도 도움이 많이 되거든. 여기에는 여러 종류의 식물들이 있어서 계절마다 다른 꽃들이 피는데, 우리는 각 계절마다 사진을 찍고 식물도감을 참고해서 공부를 하기도 해."

"그, 그래. 화목원이나 식물원 같은 곳에 가지 않아도 되겠다. 정말 예쁘네."

꽃길을 따라 올라가다가 나는 나무 아래에 있는 벤치를 보았습니다. 물론 그 주변에는 벤치가 꽤 있지만 뒷산 언덕에서 처음 보게 되는 벤치는 나에게 큰 의미가 있습니다. 내가 이 학교에 전학 오자마자 큰 일을 저지르고 피해서 온 곳이니까요. 이제는 그때 일을 생각하면 피식 웃음이 나오지만 그날은 정말 쥐구멍에라도 숨고 싶은 기분이었어요.

학교를 다 구경하고 나서 우리는 요리 수업을 했습니다. 모둠별로 조리대에 모여서 재료를 점검하고 선생님이 안내하는 대로 식빵을 만들었습니다.

"자, 밀가루와 설탕, 소금, 버터를 잘 저었죠? 그럼 이제 따뜻한 물 150cc에 이스트 4g을 넣고 저어 주세요. 이스트가 다 녹으면 밀가루에 부으면 돼요."

우리는 서투르지만 갖은 재료를 섞어 반죽을 만들었습니다. 그리고 반죽 표면이 매끈해질 때까지 치대었습니다. 팔이 조금 뻐근하긴 해도 밀가루 반죽을 만지는 느낌이 부드럽고 좋았습니다.

반죽을 발효시키거나 굽는 동안 선생님은 cc와 ts등 조리 단위에 대해서 설명해 주셨습니다. 또 요리를 할 때는 어떤 점을 주의해야 하는지도 알려 주었습니다. 그러나 식빵 굽는 냄새 때문에 수업 내용이 귀에 잘 들어오지는 않았습니다.

식빵이 완성되고 우리는 각자가 만든 식빵을 탄성까지 지르면서 잘랐습니다. 계속 표정이 어둡던 초록이도 얼굴빛이 환해졌습니다. 딸기잼을 발라 먹으면서 "딸기잼은 대체 어디서 산 거니?" "어떻게 딸기잼을 만들었어? 진짜 맛있다." 하며 좋아했습니다. 나는 왠지 안심이 되었습니다. 참 이상하지요? 나는 초록이를 미워하는데, 초록이가 웃으니까 덩달아 기분이 좋았습니다.

요리 수업이 끝나고 나와 초록이는 우리 집으로 갔습니다. 집에서 미리 허락을 받아 짝꿍인 친구를 재워 주기로 한 것이지요. 우리는 집에 가는 내내 아무 말도 하지 않았습니다. 그래도 차라리 지금이 나을지도 모릅니다. 가는 길에 볼거리도 있고, 여러 가지 소리가 들리기도 하니까요. 그러나 집에 가면 방 안에 둘이 있어야 하는데 그 썰렁한 상황은 생각하기도 싫습니다.

"다녀왔습니다."

"오냐, 잘 다녀왔니? 아, 네가 서울에서 온 친구로구나."

"안녕하세요?"

"잘 왔다. 오느라고 고생 많았지? 편하게 쉬다 가렴."

"네."

휴우, 지금 생각해 보니 진짜 다행이네요. 집에 아빠나 엄마가 계셨다면 큰 일이 났을 텐데 아무것도 모르시는 할머니가 계시잖아요. 우리는 할머니께서 차려 주신 저녁을 먹고 이렇다 할 만한 일도 없이 시간을 보냈습니다.

다음 날이 되었습니다. 결국 우리는 서먹서먹하게 밤을 보내고 학교에 왔습니다. 선생님 말씀을 떠올리면서 용기를 내 봤으나 쉽지가 않았거든요. 아침이 되니까 과학 시간 때문에 긴장이 되어서 초록이를 신경 쓸 수가 없었습니다.

우리 반 아이들은 이미 쥐를 해부해 본 뒤라 긴장도 하지 않고 명문초등학교 학생들이 실험에 잘 참여할 수 있도록 도와주었습니다. 명문초등학교 학생들은 대부분 긴장한 것 같았지만 다행히 뛰쳐나가는 학생은 없었습니다. 나도 주먹을 불끈 쥐고 쥐의 죽음을 견뎌 냈습니다.

실험이 끝나자 나도 모르게 입에서 안도의 한숨이 나왔습니다. 초록이도 무척이나 긴장을 했는지 아직 주먹도 못 펴고 있었습니다.

풋! 누구를 비웃을 처지는 아니지만 살짝 웃음이 나왔습니다. 내가 웃는 걸 눈치 채고 초록이가 민망한 표정을 지었습니다. 참, 이러다가 또 다투면 안 되겠죠?

  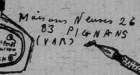 

"다음은 체육 시간이니까 교실에 올라가서 옷 갈아입고 내려와."

나는 초록이가 무슨 말을 할까 봐 얼른 말했습니다. 초록이는 다른 친구들을 따라 교실로 올라갔습니다.

우리 반 아이들은 남아서 과학실을 정리했습니다. 역시 체육복을 입고 학교에 다니니 정말 편한 것 같습니다. 움직이기 편하고 언제든지 운동을 할 수 있으니 말이에요.

"저기, 연두야."

누군가 하고 뒤돌아보니 초록이가 서 있었습니다.

"저, 나랑 잠깐만 얘기 좀 하자."

헉! 이렇게 빨리 옷을 갈아입고 오다니. 아까 내가 웃었다고 따지려는 걸까요? 뒷정리가 거의 끝나서 바쁘다고 핑계를 댈 수도 없는데…… 나는 어쩔 수 없이 초록이를 데리고 체육실로 갔습니다.

"너, 내가 온다는 거 미리 알고 있었지?"

"어, 그게. 그래, 미리 알고 있었어. 하지만 나도 같은 모둠이 되고 싶어서 된 건 아니야. 어쩌다 보니……."

"내가 오기 전에 계속 걱정했겠구나. 나도 처음에는 놀랍기도 하고 걱정도 되었는데 지금은 정말 다행이라는 생각이 들어. 네가 전학 가고 나서 많이 후회했거든. 미안하다고 말하고 싶었는데 담임선생님은 네가 어디로 전학 갔는지 모른다고 하시잖아. 내가 너를 따라다니면서 괴롭힐까 봐 그러셨나 봐."

"어?"

나는 혹시 잘못 들은 게 아닐까 귀를 의심했습니다. 하지만 내 귀에는 아무 이상이 없었습니다.

"빨리 얘기하고 싶었는데 어제는 도저히 용기가 안 나더라. 오늘은 쥐 때문에 정신없었구. 시간이 더 지나면 말할 기회를 놓칠 것 같아서 불러낸 거야."

"나도 너랑 화해하고 싶었어. 다시 만나면 얘기를 꺼내려고 했는데 어떻게 해야 할지 모르겠더라."

"미안해. 내가 속 좁게 굴면서 친구들 앞에서 무시하고 따돌린 거 정말 사과할게."

"나도 미안해. 네가 그렇게 행동했을 때 이유를 알아보고 오해를 풀어야 했는데……."

나와 초록이는 오래간만에 서로를 마주 보고 활짝 웃었습니다.

"사실은 말야, 아까 내가 웃었다고 따지러 온 줄 알았어. 괜히 걱정했네."

"소심하기는. 이제 우리 화해한 거지?"

"당연하지."

나는 가을이와 그랬던 것처럼 체육실에서 또 한 번 성숙해졌습니다. 우리는 크레파스 통에 있는 연두색과 초록색처럼 나란히 운동장으로 향했습니다.

3 인간과 사회를 발전시키는 도구

오후가 되자 우리 반 아이들과 명문초등학교 아이들은 교실에 모여 앉았습니다. 우리 반 선생님과 명문초등학교에서 오신 이하은 선생님도 각각 창 쪽과 문 쪽 의자에 앉았습니다.

우리는 먼저 명문초등학교 학생들의 소감 발표부터 들었습니다. 교단으로 나오거나 일어서지 않고 다들 편안하게 자신의 생각과 느낌을 말했습니다.

"들꽃학교는 굉장히 예뻐요. 학교 주변에 산과 텃밭이 있으니까

나무랑 꽃도 많이 볼 수 있어서 부러워요."

"들꽃학교 수업은 참 재미있어요. 요리 수업도 재미있었고, 쥐 해부는 좀 징그러웠지만 한 번도 해 본 적이 없어서 신기했어요."

"맞아요. 두 시간이 넘게 요리 수업을 했는데도 전혀 지루하지가 않았어요. 다음에 또 해 보고 싶어요."

명문초등학교 학생들은 그동안 자신들이 경험하지 못했던 수업 방식과 학교 분위기가 마음에 든 모양이었습니다. 여기에 우리 선생님의 멋진 모습까지 더해진다면 명문초등학교 학생들은 서울로 돌아가기가 싫어지지 않을까요?

"강세현 선생님, 질문이 있습니다."

지금까지 묵묵히 듣고만 있던 이하은 선생님이 말문을 여셨습니다.

"네, 말씀해 보세요."

"들꽃학교는 대안학교지요? 흔히 대안학교는 정상적인 학교에 적응하지 못한 학생들이 다니는 곳이라고 들었습니다. 이 의견에 대해서는 어떻게 생각하십니까?"

아니, 이건 무슨 말씀이람. 나는 확실히 문제가 있어서 이 학교에 왔지만 우리 학교에 다니는 학생들이 모두 문제가 있는 것은 아닙니다.

"하하하, 대안학교에는 문제아들이 다닌다고 생각하시는 분이 꽤 많다는 것은 압니다. 물론 그런 학생들도 없지 않아 있습니다. 그러나 대안학교는 전통 방식의 학교가 지니는 단점을 보완하고 새로운 교육을 시도하는 곳입니다. 교육부에서도 대안학교를 '개인 특성에 맞는 교육을 받기 원하는 학생들에게 체험 학습, 적성 교육, 진로지도 등 다양한 교육 내용을 제공하기 위해 설립된 학교'라고 정의합니다."

"어제 첫 수업이 요리 시간이었는데, 두 시간이 넘게 식빵을 만드는 것이 수업 내용으로 적절하다고 생각하십니까?"

"그건 관점의 차이지요. 저는 식빵을 만드는 과정에서 아이들이 많은 것을 배울 수 있다고 생각하니까요. 요즘 아이들은 너무나 쉽게 음식을 구할 수 있어서 먹을 것의 소중함을 잘 느끼지 못합니다. 하지만 오랫동안 공을 들여서 만든 음식을 맛보면 음식이 얼마나 소중한지를 깨달을 수 있어요.

또 우리가 일상생활 속에서 듣게 되는 cc나 ts 같은 계량 단위에 대해서도 알 수 있고, 요리할 때 주방 기구들을 어떻게 다루어야 하는지, 주의할 점이 무엇인지도 알 수 있어요. 이 아이들도 언젠가는 직접 요리를 할 테니 나중에라도 도움이 되지 않겠습니까?”

“모든 아이들이 다 직접 요리를 하게 되지는 않을 것 같은데요?”

“제 수업 내용이 모든 학생들에게 다 완벽하지는 않을 것입니다. 다만 학생들에게 최대한 도움이 되는 것을 수업 내용으로 계획하려고 노력할 뿐이지요. 그럼 이하은 선생님은 어떤 수업을 하십니까?”

“저는 아이들이 지식을 많이 얻을 수 있도록 가르칩니다. 아이들은 가능성이 무한하고, 각자 꿈이 있지요. 그 꿈을 실현하기 위해서는 공부를 많이 해야 하고, 좋은 대학에 가야 한다고 생각합니다. 이 들꽃학교에도 입시를 대비하는 보충수업반이 있다고 들었는데, 아이들을 좋은 대학에 보내고자 하시는 것 아닌가요?”

“네, 그런 현실적인 문제가 있다는 것은 저도 인정합니다. 우리 아이들은 다양한 능력을 가졌지만 시험을 잘 보는 것과는 다른 능력일 수도 있으니까요. 그렇지만 들꽃학교에서는 보충수업반에 중점을 두지 않습니다. 이하은 선생님도 아시겠지만 이 학교는 듀이의 사상을 바탕으로 삼아 세운 학교니까요.

듀이는 교육이란 여러 가지 주제들에 관해 가르치는 것이 아니

라 사회가 성장할 수 있도록 시민들이 발달하는 데 기여하는 노력이라고 했습니다. 다시 말해 성숙한 사회를 이끌어 나갈 수 있는 성숙한 시민을 길러 내는 것이 교육이라는 거죠.

바람직한 사회를 만들기 위해서 우리는 성숙한 인간이 되어야 한다는 것을 잘 알고 있습니다. 하지만 일류 대학에 들어가기 위한 입시 위주의 교육과 좋은 직장에 들어가기 위한 취직 위주의 교육에만 치중하는 게 현실입니다. 앞으로도 이런 현상이 계속된다면 우리 사회는 성숙보다는 경쟁이 우선시될 것입니다. 저는 이런 현실이 안타까워서 이 학교를 세웠습니다."

듀이라는 말이 나오니 반갑기도 했지만 우리 선생님이 들꽃학교를 세우신 이야기를 들으니 너무 존경스러웠습니다. 저렇게 뚜렷한 생각을 갖고 실천에 옮기는 일이 얼마나 어려운지 알기 때문입니다. 아빠가 뚜렷한 목표를 세우는 일은 매우 어려우며, 그 목표를 실천하기는 더욱 더 어렵다고 늘 말씀하셨거든요.

"선생님. 저도 하고 싶은 말이 있어요."

"그래, 해 보렴."

"듀이는 생활에 변화를 주지 못하고 지식이기 때문에 추구되는 지식은 의미가 없다고 주장했어요. 예를 들어 '물은 아래로 흐른다.'라는 지식은 그 자체가 중요하지는 않대요. 그 원리를 이용해서 물레방아를 만들어 사용하는 것처럼 일상생활에 도움이 될 때에만 가치가 있대요.

보통 학자들은 시간이 흘러도 변하지 않는 지식이 있다고 믿지만 사회가 변화하고 발전하면 지식도 변하기 마련이래요. 그래서 듀이는 우리 생활에 더 많이 도움이 되는 지식이 '더 나은 지식'이라고 했어요."

"그래, 맞다. 듀이는 그처럼 지식을 생활의 수단으로 여기는 견해를 도구주의라고 불렀단다."

"역시 들꽃학교 학생답군요. 강세현 선생님은 저렇게 똑똑한 제자를 두셔서 좋으시겠습니다, 하하하."

나는 좀 멋쩍어서 뒤통수를 긁적거렸습니다. 초록이가 옆에서 엄지손가락을 들어 보였습니다.

"얘기가 너무 길어졌네요. 이걸로 대화 시간은 끝내기로 하고 마지막 날을 기념하는 시간을 가져 볼까요?"

"네, 좋습니다. 다음에는 저희 학교에 한번 오세요."

선생님들이 악수를 하면서 대화 시간을 마치고 나서, 우리는 소강당으로 자리를 옮겼습니다. 그곳에서 우리는 게임도 하고 잠깐 사이에 정든 친구들과 편지도 주고받았습니다.

"자, 이거 나 간 다음에 읽어 봐."

"지금 읽어 보면 안 돼?"

"부끄럽단 말야. 뭐 별 내용은 없지만."

나는 초록이가 준 편지를 가방 깊숙이 잘 넣었습니다.

"근데, 언제부터 그런 공부를 다 한 거야?"

"아, 듀이 얘기? 우리 선생님 덕분에 알게 됐어."

"나도 이 학교에 다니고 싶다. 수업도 재미있고, 선생님도 좋고."

"너도 전학 와. 나랑 같이 학교 다니자."

"너희 옆집에 살았으면 좋겠다. 히히히."

명문초등학교 선생님과 학생들이 서울로 가기 전까지 나와 초록이는 그동안 밀린 이야기를 나누었습니다. 헤어질 때는 너무 아쉬워서 펑펑 우느라 눈이 빨갛게 붓기도 했습니다.

교실에 들어와서 나는 어제 초록이가 준 편지를 꺼내 보았습니다.

연두에게

연두야, 다시 만나서 너무 기뻤어.

내 사과를 받아 준 것도 고마워.

사실은 담임선생님이 억지로 보내서 온 건데

너랑 화해도 하고

재미있는 수업도 듣고 정말 즐거웠어.

방학하면 엄마한테 졸라서 놀러 갈게.

많이 보고 싶을 거야.

잘 있어.

– 초록이가 –

초록이가 준 편지를 읽으니 다시 눈물이 나올 것 같았습니다. 나는 다시 가방 깊숙이 편지를 넣고, 서울에서 내려온 버스가 서 있던 자리만 계속 바라보았습니다.

문제 상황과 해결

　우리가 보내는 하루하루는 무수하게 많은 문제 상황으로 가득합니다. 대부분의 문제들은 거의 습관적으로 해결되기 마련이지요. 만일 그 많은 문제들이 습관적으로 해결되지 않고 순간순간 우리의 신경을 날카롭게 한다면 우리는 모두 노이로제 환자가 될 것입니다.

　우리는 매 순간 자극에 반응하는데, 다른 동물들은 본능적으로 반응하지만 인간은 자극에 본능적으로 반응하면서도 더 나아가 지성에 따라서 반응합니다. 문제 상황에 처했을 때 그 상황을 어떻게 해결하는지 몇몇 학생들의 생각을 살펴보기로 합시다.

　"너희들도 잘 알다시피 나는 시험 볼 때마다 등수가 반에서 거의 바닥이었잖아? 그런데 이번 종합시험에서 어떻게 반에서 5등을 했냐고? 너희들은 잘 모를 거야. 내 나름대로 얼마나 많이 탐구하고 실험했는지 알기나 해? 한 달 동안 텔레비전과 컴퓨터, 휴대전화를 닫아 버리고 정말 죽기 살기로 열심히 했어. 내가 실행한 몇 가지 탐구와 실험을 공개할 테니 잘 들어 보렴. 첫째, 공부 시간에 정신을 집중하고 중요한 것은 꼭 필기를 했어. 둘째, 집에 가서 한 시간이나 두 시간 동안 꼼꼼히 복습하며 깊이 따져 가면서 생각했고 잘 모르는 것은 표시해 두었다가 다음 날 선생님께 찾아가서 답을 구했어. 셋째, 하루에 삼십 분에서 한 시간 동안 내일 공부할 내용을 하나하나 예습했어. 그게 다야."

"나는 언제부터인지 몰라도 이 거대한 도시 생활을 꼭 감옥 생활처럼 느껴 왔어. 늘 답답하니까 우울하고 아무런 의욕도 생기지 않는 거야. 요새 내가 꽤 활기찬데 그 이유가 뭔지 아니? 나도 탐구하고 실험한 거야. 해결책은 아주 쉬워. 일요일마다 버스를 타고 가까운 시골에 가서 싸다닌 거야. 배고프면 컵라면과 과자를 먹고 종일토록 시골 길을 걷거나 얕은 산길을 헤맸어. 그러면서 가족, 공부, 친구들, 나의 미래를 많이 생각할 수 있었어. 그러다 보니 하루하루가 즐겁고 보람 있는 날이 되었어."

"너는 참 어른처럼 말하는구나. 그동안 나는 부모님과 사이가 별로였어. 부모님은 형한테만 잘하고 나만 보면 야단쳤어. 옷을 제때 갈아입어라, 밥은 꼭 식구들과 함께 먹어야 한다, 늦게까지 컴퓨터만 들여다보지 마라, 방 청소를 형에게만 맡기지 말고 같이 해라. 부모님은 쉴 새 없이 나를 들볶고 야단치는 거야. 나 역시 너희들처럼 탐구하고 실험했지 뭐야. 아하, 문제가 바로 이것이구나라고 느끼니까

문제 상황을 해결할 수 있는 방법이 떠오르더라고. 내 생각을 문제를
해결하는 도구로 이용했던 거야."

　이 예들에서 보듯이 문제 상황은 결정되지 않은 상황입니다. 문제
상황을 제대로 탐구하고 실험 방법을 다양하게 사용하다 보면 결정
되지 않은 상황을 결정된 상황으로 만들 수 있습니다.

4

실용주의의 가치

 인간이 경험하고 있다는 것, 모든 것은 변화한다는 사실이다.

– 듀이(민주주의와 교육)

1 듀이 덕분에 일어난 일들

드디어 방학이 하루 앞으로 다가왔습니다. 막상 방학이 된다고 하니까 아쉬움이 크지만 이번 방학에는 초록이가 놀러 온다고 해서 기대도 큽니다. 초록이와 무엇을 하면서 보낼까, 어디를 구경시켜 줄까 생각하느라 들떠서 어떻게 하루를 보냈는지 모를 정도였어요.

청소를 다 하고 청소 도구를 치우는데 선생님이 교실에 들어오셨습니다.

"연두야, 잠깐만 선생님 좀 볼래?"

"네, 선생님."

나는 선생님을 따라 교무실로 갔습니다. 교무실에서 선생님은 상추가 들어 있는 비닐봉지를 건네주셨습니다.

"이게 뭐예요?"

"기억 안 나니? 네가 전학 온 지 이틀째 되던 날 선생님과 같이 심었던 상추야."

"아, 그때 뿌렸던 씨앗이 벌써 다 자란 거예요?"

"그럼. 사실은 얼마 전부터 먹을 만하게 자라 있었는데 선생님이 몸이 좀 허해서 미리 먹었단다."

"선생님, 상추가 무슨 약도 아니고, 집에서 삼겹살 구워 드실 때 같이 드신 거죠?"

"앗! 들켰구나. 하하하. 그래도 이 상추가 보통 상추는 아니지. 우리 연두가 심어서 쑥쑥 자란 상추니까 말이야. 선생님은 연두가 잘해 낼 줄 알았어. 초록이와 화해한 거 맞지?"

"네, 선생님. 다 선생님 덕분이에요."

"아니야, 다 듀이 덕분이지. 듀이 덕분에 연두가 가을이와도 잘 지내고, 초록이와도 화해를 한 것 아니겠니? 선생님은 연두가 자랑스럽단다."

"고맙습니다, 선생님. 아무튼 듀이 덕분에 저도 오늘 배가 부르겠어요. 집에 가서 상추에다 삼겹살 싸서 많이 먹을 거예요."

나와 선생님은 얼굴을 마주 보고 웃었습니다.

며칠이 지나고 초록이가 우리 집으로 놀러 왔습니다. 방학을 하자마자 내려오려고 했는데 초록이 어머니가 영어 캠프를 신청해 놓으신 터라 캠프가 끝나고 내려온 것입니다.

그동안 나도 서울에 빨리 와야 한다는 엄마의 성화를 들어야 했습니다. 하지만 아빠가 바쁘시다고 거짓말을 해 주셔서 데리러 내려오실 수가 없었습니다.

"안녕하세요? 저 또 놀러 왔어요."

"아, 저번에 왔던 그 친구로구나. 잘 왔다."

"할머니, 저희 좀 나갔다 올게요."

"그래, 저녁 먹기 전에 들어와라."

"네."

우리는 합창을 하듯 대답하고 학교로 갔습니다. 방학 때라 학교에는 아무도 없는 듯했습니다.

"와, 들꽃학교는 언제 봐도 예쁘구나."

"그렇지? 나는 우리 학교 꽃길이 제일 마음에 들어."

"연두야, 들꽃학교에 처음 왔을 때는 어땠어?"

"처음 왔을 때? 장난이 아니었지. 오자마자 사고를 쳤거든."

"무슨 사고?"

"전학 온 다음 날, 반 친구들 앞에서 가을이라는 아이한테 왜 잘난 척하냐고 소리쳤어."

"뭐라고?"

별일 아닐 거라고 생각했었는지 꽃송이를 만지작거리던 초록이가 놀란 눈으로 나를 쳐다보았습니다.

"그래서 어떻게 했는데?"

"선생님이랑 상추 심었어."

"친구랑 문제가 생겼는데 상추는 왜 심어?"

"그게 말야, 교실에 있기가 민망해서 뛰쳐나왔는데 다시 교실로 들어가려다가 선생님한테 딱 걸린 거야. 나는 선생님께 혼날 거라고 생각했는데, 선생님은 혼내지는 않고 상추 씨앗 심는 걸 도와달라고 하시더라. 그래서 상추 씨앗을 뿌리면서 듀이 얘기를 들었어."

"듀이 얘기?"

"응, 듀이는 인간이라면 누구나 문제 상황에 처할 수 있다고 생각했대. 하지만 인간에게는 문제 상황을 해결하려는 의지와 능력이 있기 때문에 문제를 해결하고 점점 더 성숙한 인간이 될 수 있는 거라고 하셨어. 그래서 나도 용기를 갖고 문제를 해결하려고 노력한 거야."

"그래서 가을이라는 친구랑은 화해했어?"

"응. 가을이랑도 화해했지만 너와도 오해를 풀고 화해했잖아. 다 우리 선생님과 듀이 덕분이야."

"너희 선생님은 정말 좋은 분이야."

"나도 그렇게 생각해. 선생님 덕분에 나는 듀이라는 사람이 좋아졌어. 듀이는 1859년 미국에서 태어난 교육 철학자인데, 훌륭한 말도 많이 했지만 우리 선생님처럼 멋진 사람이거든."

"나한테도 듀이 얘기 좀 더 해 줘."

"듀이는 여든이 넘어서도 자기 별장에서 닭을 기르고 알을 받아 이웃집에 직접 배달했대. 이웃에 사는 귀부인들은 반바지를 입고 자전거를 타고 다니는 듀이를 하찮은 사람이라고 생각했어. 여름이 끝날 무렵 듀이는 계란 계산서를 귀부인들에게 주었는데 귀부인들은 존 듀이의 서명을 보고 깜짝 놀랐어. 자신들이 초대하고자 했던 유명한 철학자가 허름한 차림의 계란 배달 할아버지인 줄 몰랐던 거야."

"보통 유명한 사람들은 창피하고 귀찮아서 그런 일은 안 할 텐데……. 참 대단하다."

우리는 듀이 이야기를 하면서 학교를 돌아다니다가 참외가 익어 가는 텃밭 앞에서 발길을 멈췄습니다.

"이 참외 정말 맛있겠다."

"하나 먹어 볼래?"

"아무나 따서 먹어도 되는 거야?"

"우리가 심고 가꾼 건데 참외 한두 개쯤 먹는다고 큰 일이 나겠어? 이 텃밭에서 자란 건 맛이 좋아."

나는 우리 학교 텃밭에서 자란 참외를 초록이에게 꼭 맛보게 하고 싶었습니다. 그래서 참외 줄기를 끊어 참외 두 개를 따서 하나를 초록이에게 내밀었습니다.

"아, 진짜 맛있다. 엄청 달아."

"맞아, 맞아. 진짜 달다. 참외를 먹으니까 배가 고픈 거 같네. 이제 밥 먹으러 가자."

나와 초록이는 참외를 먹으면서 운동장 쪽으로 걸었습니다. 아직 참외를 다 먹지 못했는데 우리 선생님과 마주쳤습니다.

"연두랑 초록이구나. 학교에 놀러온 거니?"

"네, 놀러 왔다가 그냥……."

"참외 맛이 어떠니? 잘 익었어?"

"네, 저, 그게, 맛있어요."

우리는 선생님이 참외 서리를 했다고 야단을 치지나 않을까 걱정했습니다.

"선생님 건 없어? 의리 없게 둘만 먹고. 그 맛있는 걸 둘만 먹으려고 했으니까 벌을 좀 받아야 겠는걸."

우리는 선생님이 무슨 벌을 내릴까 침을 꼴깍 삼키면서 선생님 뒤를 따라갔습니다. 선생님은 우리가 참외 서리를 했던 텃밭 앞에서 말씀하셨습니다.

"자, 지금부터 선생님이랑 참외를 따는 거야. 줄기를 밟지 않게 조심하고, 참외를 예쁘게 따서 이쪽에다 모으자."

나와 선생님, 초록이는 열심히 참외를 따서 모았습니다. 잠깐 사이에 참외가 수북하게 쌓였습니다.

"맛있는 건 여럿이서 나누어 먹는 게 좋겠지. 기왕 공들여 땄으니까 배달까지 하는 게 어떻겠니?"

"좋아요."

우리는 선생님이 가져오신 바구니에 참외를 담았습니다. 그리고 선생님은 텃밭 쪽으로 경운기를 몰고 오셨습니다. 초록이는 경운기가 신기한지 한참이나 구경을 했습니다.

우리는 경운기에 참외 바구니를 싣고 마을 여기저기를 돌면서 사람들에게 참외를 나누어 주었습니다. 마을 사람들은 다들 몇 번씩이나 고맙다고 인사를 했습니다. 참외를 다 나누어 주고 선생님은 우리를 집 앞까지 태워 주셨습니다.

"오늘 정말 수고 많이 했다."

"아니에요, 선생님. 참외 딸 때는 조금 힘들었는데 다들 좋아하니까 저도 기분이 좋았어요."

"저도 재밌었어요. 경운기를 처음 타 봤는데, 놀이 기구를 타는 느낌이었어요."

"재밌었다니 다행이구나. 고생했는데 들어가서 쉬렴. 또 경운기를 타 보고 싶으면 학교에 놀러 오고."

"네, 선생님. 고맙습니다. 안녕히 가세요."

우리는 할머니께 드릴 참외를 들고 집으로 들어왔습니다. 할머니께서 차려 주신 저녁을 먹고 참외까지 먹으니 잠이 솔솔 왔습니다. 나와 초록이는 수다를 떨 틈도 없이 잠이 들었습니다.

2 배움의 길은 끝이 없어!

나와 초록이는 며칠 동안 학교와 마을을 구경하고, 오랫동안 쌓아 두었던 이야기도 하면서 지냈습니다. 오늘은 초록이가 서울로 올라가는 날인데 나도 초록이를 따라 서울에 가기로 했습니다.

"데려다 주셔서 감사합니다."

"감사는 뭘. 다음에 우리 집에도 놀러 오렴."

"네, 시골 내려가기 전에 놀러 갈게요."

"연두야, 우리 반 애들이 너 보고 싶대. 서울에 올라온다고 얘기

했으니까 애들이랑 같이 보자. 어때?"

"음……."

나는 조금 망설였습니다. 초록이와 화해를 하긴 했지만 아직 반 아이들과 만난다는 생각은 해 본 적이 없거든요.

"음. 그래, 한번 만나 보지 뭐."

"알았어. 애들하고 연락해 보고 전화할게. 잘 가."

"잘 가. 아저씨, 안녕히 가세요."

나는 초록이네 차가 사라질 때까지 잠시 서서 아이들과 다시 만나는 모습을 상상해 보았습니다. 뭐, 조금 썰렁할 수도 있겠지만 만나지 못할 것까지는 없겠네요. 이미 나는 어려운 문제를 잘 해결해 왔고, 이번 문제는 문제라고 할 수도 없으니까요.

"엄마, 아빠, 다녀왔습니다."

"오, 우리 연두 왔구나. 초록이네 식구들은 갔니? 여기까지 왔는데 들어오라고 하지 그랬어."

"들어오기는 뭘 들어와요. 그동안 우리 연두 고생시킨 거 생각하면 아주 얄미워요. 자기 때문에 시골까지 내려갔는데 갑자기 친한 척은……."

"엄마, 그만 하세요. 이젠 화해하고 잘 지낸다고 말씀드렸잖아요."

"엄마가 속상해서 그러는 거란다. 사실은 초록이랑 초록이 아버지가 식사하고 갈 줄 알고, 엄마가 맛있는 것도 많이 차리고 그랬단다."

"얼른 저녁 먹자. 오느라고 힘들었지?"

"아, 오랜만에 우리 엄마가 해 주는 음식 먹겠네. 우리 엄마가 해 주는 음식이 세상에서 제일 맛있어요."

"거짓말두. 가서 손이나 씻고 와."

우리 가족은 몇 달 만에 처음으로 웃으면서 식사를 할 수 있었습니다. 한동안 이 식탁 위에는 무거운 분위기가 감돌았는데 지금은 뚝배기 속 찌개도 보글보글 흥겹게 박자를 맞춰 주는 것 같았습니다.

다음 날 나는 초록이의 연락을 받고 명문초등학교에 다닐 때 같은 반이었던 친구들을 만나러 나갔습니다. 아이들과 다시 만나면 어색하지는 않을까요? 나는 약속 장소로 가는 내내 걱정을 했습니다.

약속 장소는 우리 집 근처에 있는 패스트푸드점이었습니다. 가슴이 계속 콩닥콩닥해서 천천히 걸으려고 했는데 워낙 가까운 곳이라 금세 도착하고 말았습니다. 나는 심호흡을 한 번 하고 패스트푸드점의 문을 열었습니다.

"여기야."

매장 안쪽에서 초록이가 손을 흔들었습니다. 자리에는 초록이 말고도 현주, 은혜, 서영이가 있었습니다. 다들 내 얼굴을 보더니 웃으면서 손을 흔들었습니다.

"연두야, 오랜만이야."

"연두야, 잘 지냈어?"

"응, 너희도 잘 지냈어?"

"보고 싶었어, 연두야. 연락 좀 하지 그랬니?"

"야, 넌 왜 그렇게 눈치가 없냐?"

"내가 왜?"

"연두가 연락을 못하게 만든 건 우리잖아. 너 같으면 연락하고 싶었겠니?"

"난 그냥 미안하기도 하고, 괜히 어색할까 봐 그랬지."

"괜찮아. 그만들 해. 이렇게 얼굴 보니까 진짜 좋다."

"연두야, 우리가 잘못했어. 용서해 줄 거지?"

"그럼. 난 이미 다 잊어 버렸는걸."

"역시 연두는 마음씨가 착해. 다시 만나서 정말 기쁘다."

우리는 패스트푸드점에서 길고 긴 이야기를 나누었습니다. 초록이와 그랬던 것처럼 우리의 수다는 끝이 날 것 같지가 않았습니다. 나는 친구들과 예전처럼 이야기를 할 수 있어서 정말로 기뻤습니다. 나에게는 더 이상 걱정할 일이 없을 것만 같았습니다.

그러나 문제는 또 시작되었습니다. 내가 시골에 내려가 있느라고 시키지 못했던 것들을 엄마가 잔뜩 계획하셨거든요. 유명한 학원에서 하는 방학 특강, 박물관 견학, 미술관 그림 감상 등 엄마가 계획하신 것들은 종류도 아주 다양했습니다.

"엄마, 이대로 다 하려면 여름방학에다 겨울방학까지 합쳐도 모자라겠어요."

"얘는, 이 정도는 해야 다른 애들을 따라가지. 안 그래도 영어 캠프는 시기를 놓쳐서 안타까운데."

"아무래도 연두가 고생을 좀 해야 되겠구나."

아빠가 나를 보며 눈을 찡긋하셨습니다. 나는 엄마가 세운 방학 계획이 마음에 들지 않았지만 아빠를 생각해서 그 계획을 따르기로 했습니다. 아빠는 내가 들꽃학교에 잘 적응할 수 있도록 부탁

까지 하고 가셨고, 초록이랑 놀 수 있게 거짓말도 해 주셨으니까요. 이번에는 가족의 평화를 위해서 내가 나서야겠지요.

나는 학원에서 방학 특강을 듣고 여기저기 견학을 다니고 구경을 하는 틈틈이 초록이와 몇몇 친구들을 만나서 놀기도 했습니다. 어느새 우리 사이에서 들꽃학교와 우리 선생님은 유명해졌습니다. 더불어 듀이까지 유명해진 것은 말할 필요도 없었습니다.

그렇게 서울에서 방학이 흘러가고, 개학을 일주일 앞둔 날이었습니다. 초록이에게 전화가 왔습니다.

"연두야, 빨리 텔레비전 켜 봐."

"왜?"

"텔레비전에 너희 선생님 나와."

"진짜?"

나는 얼른 거실로 가서 텔레비전을 켰습니다. 우리 선생님이 사회자인 듯한 사람과 대화를 하고 있었습니다.

"듀이는 실용주의자라고 하는데, 실용주의가 어떤 이론인지 말씀해 주세요."

"네, 실용주의란 모든 것을 실생활에 쓸모 있게 사용하자는 입장입니다. 그래서 실용주의는 어떤 이론이 우리 생활에 효과가 있으면 진리라고 여기지요. 이때 그 이론은 나뿐만 아니라 우리 모두에게 유용해야만 합니다. 만일 나에게만 유용하거나 특정한 사람에게만 유용하다면 그것은 이기적인 진리라고 볼 수 있어요."

"듀이는 문제 상황이 생기면 지성을 이용해서 해결해야 한다고 주장했는데, 실용주의의 입장과 어떻게 연결되는 건지 궁금합니다."

"듀이는 모든 사람에게 문제 상황이 생길 수 있다고 주장했습니다. 학생들은 친구와 갈등이 있을 수도 있고, 밀린 숙제를 하느라 다급할 수도 있지요. 어른들은 어른들 나름대로 가정에서 일어나는 갈등을 해결하고 회사에서 벌어진 일들을 처리해야 합니다.

그러나 듀이는 우리가 지성적 사고를 하면서 문제를 풀어 나가려고 노력하면 상황도 해결하고 점점 성숙한 인간이 될 수도 있다고 했어요. 문제가 되는 것은 문제 상황이 아니라 문제를 해결해 나가는 과정입니다.

문제 상황에서 우리는 진리를 바탕으로 문제를 해결하기 위한 이론을 세우게 됩니다. 만일 그 이론이 문제를 해결하는 데 효과가 있다면 그 이론은 진리인 셈이지요. 다시 말해서 어떠한 이론으로 문제를 해결하고 우리가 성숙해졌으니 그 이론은 실생활에 유용하게 쓰였다고 볼 수 있습니다."

"아, 그렇군요. 마지막으로 한 말씀만 부탁드리겠습니다."

"지금까지 수많은 철학자들은 시간이 흘러도 변하지 않는 영원한 진리가 있다고 믿었습니다. 하지만 듀이는 시간이 흐르면 인간과 사회는 변하기 마련이고 진리도 변할 수밖에 없다고 생각했어요.

지금 우리 사회에서 중요한 진리는 지성이나 성숙, 교육, 민주주의 같은 관념들입니다. 우리는 바람직한 사회 속에서 성숙한 인간으로 살기 위해 이러한 관념들에 관심을 가져야 합니다. 또 지성, 성숙, 교육, 민주주의 등이 우리 생활에 어떻게 유용한지, 이러한 관념들이 실천되었을 때 나타나는 결과를 보고 계속 문제를 해결해 나가야 할 것입니다."

아, 대단하다. 나는 우리 선생님이 훌륭하신 분인 줄은 알았지만 텔레비전에 나올 정도로 유명하신 분인 줄은 몰랐습니다.

"연두야, 저 사람 너희 선생님이랑 닮았다. 그치?"

"우리 선생님이에요."

"그래?"

나는 우리 선생님이 자랑스러웠습니다. 빨리 개학을 해서 선생님을 만나고 싶었습니다. 이제 몇 밤만 자면 시골에 내려가긴 하지만 벌써부터 마음이 조급했습니다.

3 들꽃학교를 떠나다

나 말고 다른 친구들도 텔레비전에 나오신 선생님을 보았는지 개학 첫날 교실은 무척 소란스러웠습니다. 텔레비전 화면보다 실물이 더 낫다는 둥, 선생님이 아주 어려운 내용을 말씀하셨다는 둥 아이들의 이야기는 끝이 없었습니다.

그날 하루 선생님은 곤욕을 치르셔야 했습니다. 아이들이 하는 질문에 대답하랴, 지역신문에서 나온 기자와 인터뷰하랴 정신없이 바쁘신 듯했습니다.

며칠 동안은 온 마을까지 떠들썩하더니 이제는 조금 잠잠해져서 우리 학교에는 다시 평화가 찾아왔습니다. 등굣길 풍경도 가을이라 그런지 한가로워 보였습니다.

나는 콧노래를 부르면서 학교에 갔습니다. 구름 한 점 없이 파아란 가을 하늘, 벼가 익어 가는 논에 서 있는 허수아비, 길가마다 피어 있는 들꽃들, 이야기책에서 읽어 보았던 풍경을 실제로 보니까 저절로 신이 났거든요. 한참 콧노래를 부르고 있는데 엄마한테 전화가 왔습니다.

"연두야, 학교에 잘 갔니?"

"지금 가고 있어요. 근데 이 시간에 무슨 일이세요?"

"응, 좋은 일이 있어서 전화했지."

"뭔데요?"

"아빠가 미국으로 발령이 나셨단다. 정말 잘됐지? 안 그래도 너를 다시 서울로 전학시킬까 했는데 외국에 나가서 공부를 하게 됐으니 얼마나 좋은 일이니? 담임선생님께는 말씀드렸으니까 너도 준비하렴. 이번 주말에 엄마랑 아빠가 내려갈 거야."

엄마는 좋은 일이라고 하셨지만 나는 전혀 기쁘지 않았습니다.

나는 지금 아주아주 행복하니까요. 들꽃학교 수업도 재미있고, 선생님과 친구들도 정말 좋습니다. 초록이와도 화해를 했고, 명문초등학교 다닐 때 같은 반이었던 친구들과도 연락을 하면서 지냅니다.

그런데 외국으로 전학을 간다니 생각만 해도 눈물이 나올 것만 같습니다. 미국에는 들꽃학교도 없고, 우리 선생님과 친구들도 없는데 내가 어떻게 행복할 수 있겠어요?

그날 나는 수업이 다 끝날 때까지 도무지 무엇을 배웠는지 알 수가 없었습니다. 머릿속이 온통 전학에 대한 생각으로 가득 차 있었기 때문이에요.

아이들이 다 집에 간 뒤에도 나는 자리에 앉아서 고민에 빠져 있었습니다.

"연두야, 집에 안 가고 뭐 하니?"

"선생님, 제가 전학을 가지 않는 방법은 없을까요?"

"왜? 외국에 나가는 게 싫으니?"

"아니요. 외국에 나가기 싫다기보다 들꽃학교에서 공부하는 게 좋아서요. 저는 이 학교에 다니면서 열심히 공부해서, 성숙한 사람이 되고 싶어요."

"녀석두. 네가 어디에 있든지 충동과 지성만 있으면 성숙한 사람이 될 수 있을 거야. 연두는 지금까지 잘해 왔으니까 어디서든지 문제없을 거라 믿는다. 더구나 미국은 듀이가 태어난 나라 아니겠니? 연두는 이제 듀이의 사상에 한 걸음 더 다가가게 되는 거야."

"제가 미국에서도 정말 잘 지낼 수 있을까요?"

"그럼. 연두는 훌륭한 민주주의 시민으로 성숙할 수 있을 거라고 생각한다. 미국은 민주주의가 발달한 대표적인 나라이고, 듀이는 교육뿐만 아니라 민주주의에도 관심이 많았거든."

"민주주의가 뭐예요?"

"민주주의는 국민이 권력을 가지고 스스로 그 권력을 행사하는 제도나 그런 정치를 추구하는 사상을 의미한단다. 쉽게 말해서 국민이 나라의 주인이 되어 나라의 일을 결정하고 해 나가는 거야."

"듀이의 사상과 민주주의가 무슨 관련이 있어요?"

"듀이가 어릴 때 살던 마을에서는 자유로운 대화를 나누어 모든 일을 결정하고 진행했어. 마을의 문제는 곧 마을 사람들의 문제니까 모두가 나서서 고민하고 문제를 해결하는 것이 바람직하다고 여겼던 거지. 이것을 나라 전체로 확대시킨다면 어떻게 되겠니? 나라의 문제는 곧 국민의 문제가 되고, 그 문제를 국민 모두가 해결하려고 노력하는 것은 당연하겠지? 이것이 바로 민주주의라고 할 수 있어.

 민주주의에서는 사회문제를 해결하기 위해서 국민들이 대화나 토론 등과 같은 방법들을 자유롭게 사용하는데, 대화나 토론으로 문제를 해결하려면 국민들이 성숙해야 하지 않겠니? 그래서 듀이는 민주주의에도 관심을 갖게 된 거란다."

 "저는 듀이가 바랐던 성숙한 사람이 될 수 있을지 자신이 없어요. 지금은 모든 일이 다 어렵게만 느껴지는 걸요."

 "연두야, 선생님이랑 잠깐 산책이나 할까?"

 나는 선생님과 나란히 텃밭 사이사이를 거닐었습니다.

 "선생님은 이 밭이 우리 학교 텃밭 중에 제일 마음에 든단다."

 나는 선생님이 가리키시는 텃밭을 바라보았습니다. 그곳은 밭갈이가 되어 있어 무언가를 심었던 흔적만 남아 있었습니다.

 "왜요, 선생님?"

 "기억 안 나니? 선생님이랑 여기서 상추를 심었잖아."

 "아, 이 밭이었구나. 그때 저 때문에 많이 속상하셨죠?"

 "그러엄, 무지 속상했지. 알밤을 줄까, 꿀밤을 줄까 얼마나 고민했는데……."

"선생님!"

"농담이다, 농담. 그나저나 여기다가 뭘 심어 볼까나?"

나는 진짜로 머리를 한 대 콩 쥐어박힌 것처럼 조금 머쓱해졌습니다. 하지만 곧 선생님 눈에 눈물이 그렁그렁한 것을 보고 나는 가슴이 시린 것 같은 느낌이 들었습니다.

"선생님, 저랑 약속 하나만 해 주세요."

"뭔데?"

"제가 열심히 공부하고 올 때까지 절대로 다른 데 가지 마시고 들꽃학교에 계셔야 해요. 꼭이요."

"선생님이 여기 말고 어디에 가겠니? 연두가 올 때까지 꼭 기다릴 테니까 건강하게 잘 지내다 오렴."

"네, 선생님. 저는 꼭 다시 들꽃학교에 올 거예요."

선생님의 눈에서 눈물 방울이 떨어졌지만 선생님은 나를 향해 웃어 주었습니다. 나도 나오려는 눈물을 꾹 참고, 선생님을 향해 웃었습니다.

몇 주 뒤 나는 정든 학교와 선생님, 친구들과 작별 인사를 하고 미국으로 떠나게 되었습니다. 비행기 안에서 들꽃학교의 모습과

선생님, 친구들의 얼굴이 떠올라 저절로 눈물이 나왔습니다. 아빠는 그 모습이 안쓰러웠는지 나를 꼭 안아 주셨습니다. 엄마도 비행기가 미국에 도착할 때까지 내 손을 꼬옥 잡아 주셨습니다.

듀이의 교육철학

 듀이는 미국의 대표적인 실용주의 철학자입니다. '큰 그릇은 늦게 만들어진다.(大器晚成[대기만성])'는 말이 있듯이, 듀이는 대학생 때 철학과 사회사상을 공부했지만 성실하기는 해도 뛰어난 학생은 아니었습니다. 대학을 졸업한 뒤 듀이는 고등학교에서 약 삼 년간 학생들을 가르쳤습니다.

 듀이는 대학원에 입학해서 논리학과 관념론, 그리고 다윈의 진화론 등에 심취해 공부했습니다. 듀이는 실용주의 철학의 선배인 찰스 샌더스 퍼스와 윌리엄 제임스에게서 크게 영향을 받고 독창적인 실용주의 사상을 형성하게 되는데, 그는 자신의 실용주의를 경험적 자연주의라고 불렀습니다.

 듀이는 미시간대학, 미네소타대학, 시카고대학 등에서 교수로 일하면서 저술 활동을 왕성하게 펼쳤습니다. 《학교와 사회》, 《논리 이론 연구》, 《민주주의와 교육》, 《인간의 본성과 행위》, 《확실성의 탐구》, 《오늘날의 교육》, 《인간의 문제》 등을 비롯해 수많은 저술들에서 듀

이는 실용주의 사상을 폭넓게 전개했습니다.

듀이가 주로 관심을 가진 분야는 가치, 인간의 행동, 사회, 교육 등입니다. 무엇보다도 듀이는 인간과 사회를 어떻게, 그리고 무엇으로 성숙하게 만들 수 있는지 일생 동안 탐구한 셈입니다.

듀이는 헤겔 관념론의 영향을 받았지만 개념에만 치우치지 않고 헤겔 철학의 변화를 받아들였지요. 예를 들자면 헤겔은 "신과 같은 절대정신이 자신을 변화·발전시킴으로써 자연과 예술, 종교와 철학이 전개된다."고 말한 데 비해서 듀이는 "경험적인 환경은 인간의 지성으로 변화하고 개선된다."고 주장했습니다. 곧, 듀이는 헤겔의 관념론의 측면을 버리고 변증법만 받아들인 거지요. 변증법은 한마디로 변화의 논리입니다.

듀이는 다윈이 주장한 진화론의 영향을 받아 인간과 사회가 지성으로 변화하고 개선되리라는 긍정적인 확신을 가지고 있었습니다. 물론 인간과 사회가 성숙하기 위해서는 지성을 사용한 탐구와 실험이 꼭 필요합니다.

지성을 사용해 탐구하고 실험할 수 있도록 하는 것은 교육입니다. 듀이에 따르면 끊임없는 교육과정이 바로 성숙해 가는 과정이며 이러한 교육과정과 성숙 과정의 제도가 다름 아닌 민주주의입니다.

우리의 삶은 언제나 환경, 곧 문제 상황(결정되지 않은 상황)에 처해 있습니다. 우리는 결정되지 않은 상황을 결정된 상황으로 만들 때 비로소 성숙할 수 있습니다. 듀이는 특히 실용주의의 선배인 제임스와 함께 현대 미국의 교육에 지대한 영향을 미쳤습니다.

  듀이의 실용주의는 도구주의로 알려져 있기도 하지만 듀이의 실용주의가 목표로 삼는 것은 어디까지나 민주주의 사회에서 인간과 사회가 성숙해지는 것입니다.

에필로그

미국에 온 지도 벌써 한 달이 지났습니다. 아직 미국 생활은 낯설고, 특히 말이 잘 통하지 않아서 힘든 일이 많습니다. 한국에 있을 때는 영어를 꽤 잘한다고 생각했는데, 친구들과 유머가 통하지 않다니 너무 슬픈 일이에요.

하지만 미국에도 친절한 사람들이 많아서 여러 가지로 도움을 받습니다. 학교에 가면 영어책에서만 보았던 제인이나 톰이라는 이름을 가진 친구들이 공부도 가르쳐주고 학교생활을 안내해 주기도 합니다. 산책을 하다가 만난 하머스 아저씨는 털이 긴 개랑 놀 수 있게 해 주시거나 쉽게 읽을 만한 책을 빌려 주기도 합니다.

여러 사람들 덕분에 나는 차츰 이곳 생활에 적응하고 있고, 재미있는 일들도 하나 둘 알게 되었습니다. 교장 선생님의 비밀 이야기나 미국에서 인기 있는 게임 같은 것들 말이에요.

또 여기에 와서 안 사실인데, 듀이가 철학 교수이자 교육학부장으로 있던 시카고대학이 꽤 가까운 곳에 있다고 합니다. 미국은 워낙 넓어서 차로 대여섯 시간은 가야 하지만, 이번 주말에 온 가족이 다녀오기로 해서 무척 기대가 됩니다.

오늘은 집으로 돌아오는 길에 편지지와 우표를 샀습니다. 이곳 생활에 적응하느라 강세현 선생님과 초록이, 가을이, 그리고 여러 친구들에게 편지 한 통 보내지 못했는데, 오늘은 모두에게 편지를 쓸 생각입니다.
나는 먼저 강세현 선생님께 편지를 썼습니다. 선생님을 떠올리니 들꽃 학교에서 있었던 일들도 하나씩 생각이 났습니다. 짧은 기간이었지만 나에게는 무척 소중한 시간이었습니다.

강세현 선생님께

안녕하세요? 저 서연두예요.
벌써 저를 잊어버리신 것은 아니겠지요?
저는 미국에서도 잘 지내요.
다 선생님이 들려주신 좋은 말씀 덕분이에요.
앞으로 저는 듀이에 대해 열심히 공부해서
훌륭한 선생님이 될 거예요.
선생님처럼 말이에요.

선생님, 저하고 하셨던 약속 기억나세요?

제가 돌아올 때까지

들꽃학교에서 기다리겠다고 하셨잖아요.

나중에 다시 초등학교에 입학할 수는 없으니까

꼭 선생님이 되어서 들꽃학교로 돌아갈 거예요.

그러니까 절대로 들꽃학교를 떠나시면 안 돼요.

선생님, 정말 보고 싶어요.

다시 뵐 때까지 건강하세요.

나는 눈물을 꾹 참고 편지를 봉투에 넣었습니다. 아무래도 오늘 저녁에 모두에게 편지를 쓰기는 힘들 것 같습니다. 한 사람 한 사람에게 편지를 쓰다가는 눈이 퉁퉁 붓도록 울고 말 테니까요.

나는 강세현 선생님께 보낼 편지 봉투에 우표를 붙였습니다. 지금은 선생님께 편지만 가겠지만 머지않아 성숙한 사람이 되어 멋지게 선생님 앞에 설 것입니다. 그때가 언제일지는 모르지만 선생님은 들꽃학교에서 나를 반겨 주시겠지요?

통합형 논술
활용노트

01 다음 두 제시문 들이 공통적으로 주장하고 있는 핵심 내용을 설명해 보세요.

(가) 교사가 학생에게 지리를 가르치려고 생각했다 하자. 그래서 학생을 위해 지구의와 천구의 그리고 지도를 가져다주었다. 이 얼마나 많은 도구들인가. 어째서 모두가 대용품이어야 하는가. 어째서 처음에 대상 그 자체를 보여 주지 않는가. 대상 그 자체를 보여 주면, 당신들이 무슨 이야기를 하고 있다는 것쯤은 아이도 잘 알 수 있을 텐데. (중략)

자신이 맛보고 있는 감동으로 가득 찬 교사는, 그 감동을 아이에게 전하고 싶어진다. 그는 자신의 마음을 움직이게 하는 감각에 아이의 주의를 돌리게 함으로써 아이의 마음을 움직일 수 있다고 생각한다. 정말 바보 같은 생각이다. 자연 광경의 생명은 사람의 마음속에 있다. 그 광경을 보기 위해서는, 그것을 느끼지 않으면 안 된다. 아이는 여러 가지 대상을 확인하지만, 그 연관 관계까지 확인할 수는 없다. 그들이 서로 어울려 연주하는 감미로운 하모니를 들을 수가 없다. 아이가 아직 그러한 경험이 없다면, 모든 감각에서 동시에 생겨나는 그런 복합적인 인상을 감지할 수 없다. 풀 한 포기 없는 황야에서 오랫동안 방황해 본 일이 없는데, 불붙는 듯한 사막의 모

래에 발을 데어 본 일이 없는데, 뜨거운 햇살이 내리꽂히는 바위산의 숨막힐 듯한 열기에 괴로워해 본 일이 없는데, 어떻게 아름다운 아침의 상쾌한 공기를 맛볼 수 있겠는가. 향기로운 꽃이 넋을 빼앗는 초록빛 들판이, 촉촉한 아침 이슬이, 여린 풀을 밟을 때의 그 포근한 기분이 어떻게 감각기관을 매혹할 수 있겠는가. 그러므로 적당한 때에 그에게 실물을 보여주는 것으로 그치는 것이 좋다. 그의 호기심이 충분히 그 쪽으로 향해진 것을 알면, 무엇인가 간단한 질문을 하여, 스스로 문제를 해결하는 방향으로 그를 인도해 가는 것이 좋다. 지금의 경우에는, 떠오르는 태양을 그와 함께 충분히 바라본다. 그리고 눈앞의 산들이나 가까이 있는 다른 것들에 주의를 돌리게 하여, 그것들에 관해 무슨 말이든 마음대로 하게 하라.

그런 다음, 잠시 꿈이라도 꾸는 사람처럼 침묵하다가 그에게 이렇게 말하라. "나는, 어제 저녁에 태양이 저기에 가라앉는 것, 그리고 아침에 저기에서 떠오른 것을 생각하고 있단다. 어째서 그런 일이 일어나는 것일까?

— 루소의 《에밀》 중에서

(나) 전통적 방식의 교육은 본질적으로 위로부터, 혹은 밖으로부터 무엇을 부과하는 것을 특징으로 한다. 이는 이제 겨우 조금씩 성숙해 가면서 성장하고 있는 사람들에게 성인의 기준과 내용과 방법을 부과하는 것이다. 그 사이의 간격은 매우 크기 때문에 배우고 행동하도록 요구되는 내용과 방법은 어린이들로서는 감당하기에 생소한 것이다. 그것들은 어린 학습자가 이미 지니고 있는 경험으로써는 도저히 도달할 수 없는 수준의 것이다. 그래서 결과적으로 억지로 부과할 수밖에 없다. 비록 훌륭한 교사는 이러한 거친 모양을 덜 보이기 위하여 기술적인 방법을 써서 억지로 부과하는 것이 안 되게 하려고 하지만 그런 경우에도 별로 다를 바는 없다. 아동의 의무는 오직 명령하는 대로 행하고 배울 뿐이다. 배운다는 것은 단지 이미 책이나 어른의 머리 속에 있는 바를 습득한다는 것을 의미한다. 더욱이 가르쳐지는 내용은 본질적으로 정태적인 것으로 여기게 된다.

그것은 완결된 결과물로서 가르쳐지고, 애초에 그것이 어떻게 만들어졌다든가 혹은 미래에 어떻게 변화할 것이라든가에는 거의 아무런 관심을 두지 않는다. 모든 참된 교육은 경험을 통해서 가능한 것이다. (중략)

경험의 필요를 고집하는 것만으로는 충분하지 않다. 또한 경험을

동반하는 활동의 중요성을 강조하는 것만으로도 충분하지 않다. 모든 것은 경험의 질에 달려 있다. 교육자의 임무는, 학생을 위하여 싫증을 일으키지 않고 그의 행동에 열중할 수 있는 동시에, 즉각적인 쾌감을 초월하여 장래의 유리한 경험을 촉진시키는 그러한 종류의 경험을 학생들이 가질 수 있도록 하는 일이다. 학생의 활동이 바람직한 미래의 경험을 가질 수 있도록 촉진시키는 것이어야 하므로, 교사의 역할은 한편 학생으로 하여금 싫증내지 않고 오히려 활동에 열중하게 하고 그러면서도 즉각적인 즐거움 이상의 것이 되도록 하는 그러한 종류의 경험을 할 수 있도록 해주는 일이다. 마치 사람은 누구나 자기 혼자서 살다가 죽는 것이 아닌 것과 같이, 어떤 경험도 따로 따로 고립되어 존재할 수는 없다. 모든 경험은 다음의 후속되는 경험들 속에 계속 살아있는 것이다. 그러므로 경험 중심 교육의 중심 문제는 미래의 의미 있고 창조적인 경험의 전형을 현재의 경험들 중에서 선택하는 일이다.

– 듀이, 《경험과 교육》 중에서

02 다음 제시문을 읽고 물음에 답 하세요.

(가) "선생님, 저는 쥐 해부 실험을 한 번 더 했으면 좋겠어요. 서울에서
전학 온 연두도 그 수업을 못 들었으니까 서울 친구들이랑 같이 들
으면 좋잖아요."
"하하하하하."
반 아이들이 모두 웃음을 터뜨렸습니다. 선생님도 나에게 눈을 찡
긋하시며 웃으셨습니다.
"그래, 그거 좋은 생각이구나. 하지만 선생님이 또 쥐를 잡으러 다
녀야 하니까 좀 힘들겠는데. 하하하."
"저는 식빵 굽는 걸 해 봤으면 좋겠어요. 저 번에 만든 딸기잼도 있
으니까 식빵을 직접 구워서 딸기잼을 발라 먹으면 너무 맛있을 거
예요."
"식빵보다 쿠키를 만들어보는 게 어떨까요? 쿠키를 만드는 게 더
재미있을 거 같아요."
"다른 친구들의 생각은 어떤가 볼까?"
딸기잼의 유혹이 너무 강했는지 아이들은 식빵을 만들자는 쪽으로
입을 모았습니다. 나도 갓 구운 빵에 딸기잼을 바르는 상상을 하며
군침을 삼켰습니다.
                                    -《듀이가 들려주는 실용주의 이야기》중

(나) 자유권은 평등권과 함께 특히 중요한 국민의 기본권으로, 국가 권력에 의하여 개인의 자유를 침해당하지 않을 권리를 뜻한다. 자유권에는 다음과 같은 것들이 있다.

신체의 자유, 개인은 법에 의하지 않고는 체포 등 신체적인 구속을 당하지 않는다. 거주 이전의 자유, 개인이 살고 싶은 곳을 선택할 수 있고, 사는 곳을 옮길 수 있다. 종교의 자유, 개인이 원하는 종교를 가질 수 있다. 언론·출판의 자유, 모든 국민은 자기 개인의 의견이나 사상을 말이나 글로 표현할 수 있다. 그러나 타인의 명예와 권리, 공중도덕이나 사회 윤리를 침해해서는 안 된다. 직업 선택의 자유, 개인은 원하는 직업을 가질 수 있다. 사유 재산권 행사의 자유, 개인은 자신의 재산에 대한 권리를 가진다.

- 초등학교 6-2 사회과 탐구 교과서 중

(다) 원고 "다른 신을 믿는 게 틀림없습니다. 죄가 있다고 생각되면 흰 돌을, 죄가 없다고 생각되면 검은 돌을 들어 주십시오."

　배심원들 (흰 돌 7개, 검은 돌 3개)

　소크라테스 "죄가 있다고 하니 벌을 받아야겠지요. 하지만 나는 돈이 없으니 벌금으로 1미네를 내겠소!"

사람들 "벌금으로 겨우 1미네를 내겠다니!" "자기 죄가 얼마나 큰지
　　　 모르는군!"
제자들 "스승님, 그건 너무 적습니다." "재판장님, 30미네를 내겠습
　　　 니다. 저희가 보증하죠!"
원고 "배심원 여러분! 벌금형은 흰 돌을, 사형은 검은 돌을 들어 주
　　 세요!"
배심원들 (흰 돌 2개, 검은 돌 8개)
판사 "소크라테스, 사형!"

－《만화 서양철학사 II 그리스철학》중에서

1. (가)에 나오는 대화 상황과 (나)에 제시된 자유권을 서로 관련 지어 보
고, 장단점을 이야기해 보세요.

2. 가)와 (다)에서 의사 결정이 이루어지는 과정을 비교해 볼 때 어떤 공
통점과 차이점이 있을까요? 생각을 이야기해 보세요

- -

- -

- -

03 다음 제시문을 읽고 물음에 답하세요.

(가) "가치 있는 경험이란 우리가 살아가면서 부딪히는 문제를 해결할
수 있게 하는 경험이래. 또 듀이는 학교가 실생활 속에서 가치 있는
경험을 하도록 해야 한다고 주장했어. 우리가 미래에 잘 살기 위해
서 교육을 받는 것이 아니라 지금 생활하는 데 문제가 없도록 하기
위해 교육을 받는 거라는 말이야."
"아, 그렇구나."
나는 우리 선생님을 이해할 수 있었습니다. 선생님이 듀이를 존경
해서 들꽃학교를 세우셨으니, 들꽃학교에서 '가치 있는 경험'을 제
공하려는 것은 아주 당연한 일이니까요. 선생님은 우리가 좋은 중
학교, 좋은 고등학교, 좋은 대학교에 가는 것보다 실제 생활에서 필
요한 것들을 가르치고 싶어 하시겠지요?

― 《듀이가 들려주는 실용주의 이야기》 중에서

(나) 인수위는 사교육이 담당하던 기능을 학교 안에서 이뤄지도록 해 학
부모들의 사교육비 부담을 덜어 주겠다고 한다. 하지만 일부 교사
들과 사교육업계에서는 사교육비가 줄어들지 않을 것이라 하여 논

란이 거셀 것으로 전망된다.

영어 교육은 차기 정부에서 가장 큰 변화가 예상된다. 과학 수학 등의 과목까지 영어로 가르치고, 수능 외국어영역을 대체하는 토플식 영어시험이 신설되는 등 큰 변화가 예상된다.

이 같은 정책은 초·중·고교생의 조기 유학을 막기 위해서라고 한다. 하지만 학교에서 하는 영어 수업을 따라가기 위한 사교육과 방학을 이용한 단기연수 등은 급증할 수밖에 없다고 보고 있다.

– ○○일보, 2008년 1월 24일

1. 제시문(가)에서 선생님이 교육에서 가치 있는 경험을 중요하게 생각하는 이유는 무엇인지 설명해 보세요.

2. 제시문(가)에 나타난 선생님의 교육사상과 제시문(나)에 나타난 교육정책을 비교해 보았을 때 어떤 차이점이 있는지 설명해 보세요.

01 전통적 교육 방법은 학생들의 상태나 의사를 감안하지 않고, 위로부터 과제를 부과하고 강제하는 것으로서 학생의 직접 경험보다는 간접적인 상징물에 의존하고 있다. 참된 교육은 가능한 한 학생의 직접적인 경험을 풍부하게 해야 한다. 학생들로 하여금 어떠한 경험의 수준에 이르게 하기 위해서는 학생 스스로가 그에 필요한 사전 경험을 이미 갖고 있어야 한다. 주입식 강요가 아닌 자발적인 경험이 그만큼 중요한 것이다. 하지만 모든 경험이 교육적인 것은 아니고 자발적이고 창의적인 경험을 쌓아나가지 못하게 하고 타율적인 습관을 갖도록 하는 것은 비교육적이다. 학생의 올바른 교육을 위해서는 교사의 역할이 매우 중요하며, 교사는 학생의 경험이 계속적으로 성장할 수 있도록 선택하고 유도하는 역할을 적극적으로 담당해야 한다.

다 각자의 의견을 자유롭게 이야기합니다. 그리고 그 의견들 가운데 식빵을 만드는 것으로 합의가 이루어졌습니다. 이는 (나)에 있는 여러 자유권들 중 언론·출판의 자유에 따라 이루어진 과정입니다. 언론·출판의 자유는 자기 생각이나 의견을 남에게 자유롭게 전달하고 표현할 수 있는 자유입니다. 민주주의 사회에서는 자유롭게 의견을 나누어 하나의 합의점을 이끌어 내며 누구나 의사 결정에 참여할 수가 있습니다. 따라서 매우 합리적이고 공평합니다.

하지만 사회가 커지고 인구가 많아지면서 모든 문제를 일일이 (가)처럼 결정할 수는 없습니다. 그렇기 때문에 가장 많은 사람들이 동의하는 의견으로 결정한다는 다수결의 원칙이 생겼습니다. 반장 선거나 회장 선거, 나아가 국회의원이나 대통령 선거에 이르기까지 우리는 다수결의 원칙에 따라 의사 결정을 합니다.

02 1. (가)를 보면 무언가를 결정해야 하는 상황에서 아이들이 저마다

2. (가)와 (다)는 모두 하나의 문제를 해결하는 데 있어서 여러 사람의 의견을 모아

보다 나은 것으로 결정을 내리는 과정을 보여 줍니다. 두 방식 모두 민주적이며 다양한 개인의 의견을 최대한으로 반영하고 있습니다.

하지만 (가)는 다양한 의견들 중에서 가장 좋은 것에 합의하는 방식이고, (다)는 여러 배심원에게 찬성과 반대 중 하나를 고르라고 하여 더 많이 나온 쪽으로 결정하는 방식입니다. (가)와 같은 방식은 한 사람 한 사람이 가진 생각을 자세히 알 수 있고 타협의 여지가 많지만, 시간이 오래 걸리고 규모가 큰 사회에서는 이루어지기 힘듭니다. 반면 (다)는 둘 중 하나만 선택해야 할 뿐 기타 의견이나 중간 입장을 허용하지 않지만, 의사 결정 속도가 빠르며 많은 사람이 참여하더라도 보다 쉽게 결정을 내릴 수가 있습니다.

03 1.아득한 옛날에는 사회가 매우 단순했기 때문에 사람들은 신분에 따라서 정해진 일만 하면 되었습니다. 예컨대 농부는 농사일만 하였고 상인은 상업에만 종사했으며 군인이나 정치가는 자신이 맡은 일만 했습니다.

그러나 현대사회는 매우 복잡한 양상을 띠고 있고 우리들 인간이 처한 환경은 헤아릴 수 없이 많은 문제점들을 가지고 있습니다. 우리들은 우연적인 그리고 결정되지 않은 문제 상황들을 하나씩 해결해 나가지 않으면 안 됩니다.

탐구와 실험의 교육이 없으면 문제 상황을 해결할 수 없습니다. 자유롭고 개방된 탐구와 실험과정, 곧 민주주의의 교육은 인간과 사회의 성숙을 위하여 꼭 필요합니다. 교육 없이는 문제 상황의 해결이 없을 뿐만 아니라 인간의 자기 발달도 불가능합니다.

2.제시문(가)에 있는 선생님은 학생들이 직접 경험하고 실험하고 탐구하는 공부를 중요하게 생각하고 있습니다. 듀이 또한 경험을 통해 얻은 지식이 지성에 의해서 변화시키고 개선시킬 때 인간은 점점 성숙해 진다고 하였습니다. 인간이 성숙해지는 데는 교육이 중요하며, 교육은 자유롭고

개방된 탐구와 실험 과정을 보장해 줄 수 있어야 합니다. 그러나 제시문(나)에 나타난 경우에는 다양한 교과목 중에서 영어에만 집중을 하고 있어 학생들이 성숙해지는 것을 방해하고 있습니다. 다양한 과목을 탐구와 실험을 통해 경험해야 하는데, 영어 실력 늘리기에만 급급하다 보니 학생들이 사회, 과학 등을 소홀하게 공부할 수밖에 없습니다. 하나에만 치우치는 것이 아니라 학생들이 경험할 수 있는 다양한 교육을 몸소 체험할 수 있게 만드는 것이 중요합니다.